极致服务

创造不可思议的客户体验

肯·布兰佳（Ken Blanchard）
[美] 凯西·卡夫（Kathy Cuff） ◎著
维基·哈尔西（Vicki Halsey）

王霆◎译

LEGENDARY SERVICE

THE KEY IS TO CARE

中国人民大学出版社

·北京·

极致服务带给所有组织成功，谨以此书献给所有相信这一理念的人们。

译者序

肯·布兰佳博士作为享誉全球的管理大师，其商业思想影响深远，多部畅销著作经久不衰，其中包括《共好》、《顾客也疯狂》、《鲸鱼哲学》、《别把你的顾客丢了》、《领导力药片》、《击掌为盟》和《全速前进》等，尤其是《一分钟经理人》更成为美国20年来最畅销的管理学著作之一，他所讲述的很多内容已经成为美国诸多高效经理人的“常识”。肯·布兰佳博士被誉为当今商界最具洞察力和思想深度的人之一，而他的著作非常贴近商业现实，往往是通过商业故事呈现现实情景，阐述其深邃的商业理念和独到的管理见解，令读者在阅读过程中不知不觉领悟到其中精髓。此次肯·布兰佳博士在其新作《极致服务——如何创造不可思议的客户体验》中依然采用娴熟的商业故事叙述手法，让读者在故事阅读中领悟极致服务的理念价值。

极致服务是指要始终如一地提供理想服务留住顾客，从而提高企业的竞争力。简单来说，就是企业通过一系列举措令顾客感觉到备受关注，以此实现极致服务。

本书故事主人公凯尔西·杨在弗格森零售连锁店做兼职，同时修读自己的商学学位。她在工作时，发现这家店的服务总是很难让客户满意。她在大学学习了极致服务的课程，意识到关心客户的重要性，于是利用在课堂上所学的知识，试图去改变弗格森零售连锁店的现状，最终使这家店涅槃重生。这个故事为读者展示出了极致服务理念与 ICARE 模式在企业管理运营中难以估量的作用。

“要想业务成功，归根结底要有关系。而关系则建立在服务之上。那些从长远来看取得了成功的公司，往往都重视培养内部员工关系以及外部客户关系。”ICARE 模式使直接服务于顾客的员工意识到他们应该通过和客户之间的互动，建立和维持良好的客户关系，真正关心客户，创造一种服务文化，从而获得更多的回头客，促进公司的发展。专注于客户关系，包括与外部客户的关系，以及与内部客户的关系，是一个组织最有力的竞争优势。伟大的公司意识到最重要的客户就是公司的自己人，即员工和经理。如果公司为自己人创造了一种激励环境，鼓励他们专心工作，员工便会主动想办法更好地为客户服务。这样客户会变成回头客，公司也自然会盈利。

ICARE 的服务模式，包括五个方面，一是理想服务（ideal service)，坚持服务至上，满足客户每日需求。无论处在哪个行业，作为服务提供者，都要每天通过言语和行动来证明服务的重要性。如果设立一个服务他人的荣誉榜，那么提供理想服务的人，无疑会高居榜首。二是服务文化（culture of service)，构建以服务客户为重点的环境。任何一家组织的文化都应建立在一个共同的愿景和价值观之上。并且，企业的领导需要确保每位员工都了解该愿景和价值观。组织的服务愿景和价值观越清晰，就越容易建立起浓厚的服务文化，因为每位员工都会专注于其工作重点，并了解组织对他们的预期。三是专注（attentiveness)，了解客户及其喜好，一个组织一旦确立了其服务愿景，下一步就是明确自己的服务对象及其所需。客户分析能够帮助企业了解其服务对象的不同种类，以及他们的具体喜好，这样就可以确保每个顾客的个人需求都能得到满足，同时可以不断提高服务水平。四是回应（responsiveness），在满足客户需求时，展现出真诚的服务态度。对客户迅速做出反应与关注他们的需求和喜好密切相关。五是赋权（empowerment），积极采取行动，实现服务愿景。在工作中，你对某些事情拥有绝对控制权，或者虽然有些事情超出你的控制范围，你却可以对它产生更多的影响力，这些事都归在“赋权”这一范畴。

此外，作者认为，在了解了 ICARE 模式并掌握了将该模式付诸行动的知识和技巧后，需要制定和执行可持续性的发展计划，促进员工坚持使用这些新技巧，因此企业需要指派某个人或者是一个团队，负责不断帮助员工坚持使用该模式。

鉴于目前国外极致服务与 ICARE 理念在学术与企业管理实践上都已取得丰硕成果，而国内企业在客户服务方面仍有很大提升空间，我们有理由相信，学习极致服务与 ICARE 模式会帮助国内企业更好地提升其服务质量，吸引客户，带来稳定盈利，进而激励员工提供更优服务，由此产生良性循环，从而既满足客户需求，又提升企业效益。这种发展模式非常适合我国企业在服务过程中的客户价值提升。

本书的翻译得到中国人民大学出版社曹沁颖女士的支持和

帮助，在此表示感谢！鉴于时间和译者水平有限，译著中难免有不当之处，敬请广大读者批评指正！

王霆
中国政法大学商学院

导　言

当我们为肯·布兰佳公司开创“极致服务”这一客户服务培训项目的时候，我们向参加培训的人提出两个问题：

1. 为什么客户服务很重要？

2. 你想让你的客户知道什么？

我们通常会得到这样的答案：

1. 如果客户感觉很满意，他们就会成为回头客，这样我们就成功了。

2. 我们希望客户知道我们在关心他们，这样他们就会成为回头客。

作为客户，为什么会一次又一次地光顾所喜爱的商店或者业务呢？这不仅仅是因为产品的质量。研究表明，客户反复光顾的原因在于能够让他们产生感觉。

听起来很简单——就是让你的客户知道你很关心他们。

既然这样，如果已经证明关心客户是如此重要，而道理又如此简单，可为什么每个组织不这样做呢？毕竟我们都知道，保持现有客户在成本上比不断去开发新客户来取代老客户要经济得多。

让我们看看凯尔西·杨这个坚毅而又乐观的年轻女子，她在弗格森零售连锁店兼职的时候，取得了商学学位。这家连锁店原本很难让客户满意，凯尔西在当地的大学里学习了“极致服务”的课程后，意识到关心客户是确保商业成功最为重要的因素。为了证明自己在弗格森零售连锁店有发展前途，并且能够帮助它应对来自一家很有威胁的竞争对手的挑战，凯尔西和她的部门经理一道开始改变现状。通过一些令人惊奇的转变，凯尔西发现“极致服务”可以很明显地改造一个组织的未来，而能运用这一方法的人也非常重要。

现在比以往更加需要人们学会关心他们的客户。通过阅读这本书并且运用我们多年来培训高级学员的 ICARE 模式，那些面对客户的员工将会认识到，无论他们在公司里的职位是高还是低，他们都应有动力通过和每个客户的互动，使其成为公司忠诚的回头客。而且领导者会发现，在员工中实践服务的理念让他们关心客户，以此来创造一种服务的文化，会非常显著地影响公司发展。无论在公司的CEO，还是像凯尔西这样的兼职员工，每个人都是重要的。无论在内部还是外部，客户服务都是每个人的工作。

我非常高兴能够和凯西·卡夫、维基·哈尔西共同撰写这本书，他们是“极致服务”客户服务培训项目的合作者，也是我们公司的高级培训师和咨询师。凯西和维基这几年一直都在培训来自各行各业的学员，即使他们有着很好的产品并且客户服务很成功，“极致服务”还是能帮助他们带来忠诚的客户以及更多的回头客。

当所有要点都被讨论并且能够做到时，道理也就非常简单——关键在于关心。现在开始你的征途，享受这一过程，让我们告诉你如何去做吧。

——肯·布兰佳

目　录

第一章

令人沮丧的交易

这位女士再也不会来光顾了。凯尔西知道这不怪客户。

“我要退掉这台咖啡机，应该是几个星期前买的。”一个中年妇女将咖啡机连同打开的包装盒一起递到服务员手里。

“能告诉我退货理由吗?”年轻的服务员问。

“用它做出来的咖啡不够热。我已经在其他店买了另一个牌子的。麻烦给我退款，或者提供一张本店购物卡也行。哦，发票已经找不到了。”

“没问题，”服务员微笑地说：“我去找值班经理签个字，马上回来。”她向服务台走去。

经理看见她把咖啡机和包装一起放在服务台上时，皱起了眉头。

“凯尔西，这个不能退。”他一边看咖啡机一边说：“这台机器已经用过了。发票呢?”

“客户找不到了。”

“那肯定不能退。谁知道这台机器已经被用了多久了。”

凯尔西想争辩几句："稍等一下，上周劳拉和我说，无论什么情况，如果客户不满意，小家电都可以退换成本店购物卡。"

"没发票就不行，"经理说："劳拉竟然和你这么说，真是让人惊讶！她在这家店工作的时间比我还要长！"他把包装盒推给凯尔西，说："告诉客户这是本店的规定——没有发票我们是不能退货的。"

凯尔西只好硬着头皮向客户解释，中年妇女非常不满。

"我要不打开试用的话怎么知道做出来的咖啡不够热啊！若是在其他店，即使没有发票，也可以提供购物卡。你们店真是不可理喻！"她拿起包装盒，瞪着凯尔西说："你说退货没问题的！"

"很抱歉。"凯尔西说。她看着客户离开，觉得自己像个白痴一样。这位女士再也不会来光顾了。凯尔西知道这不怪客户。

第二章

有趣的课程

“他告诉我们有三种方法可以给顾客个性化服务的感受，而这三点可以令顾客对我们的态度大为转变。”

夏季学期的第一天，凯尔西·杨坐在教室里，准备开始上她大学生涯的最后一门课。她很想知道这位教授如何利用未来的八周讲授客户服务这门课程。这时，讲台上刚刚在调试手提电脑的人抬起头，开始讲话，他看起来很友善。

“大家好。我是哈特利教授。欢迎大家来上‘极致服务’课程。作为商学院学生，你们要知道，这不仅是最棒的，而且是最重要的一门课。”

教授抿着嘴笑了起来。凯尔西觉得他态度好像不太认真。

“我知道这听起来有点夸张，那么我来解释一下。你可能有些疑问，觉得大学课程中怎么会有关于客户服务的课程呢？但是，请大家想一下：你上次享受到卓越的客户服务是什么时候？不是一般或较好的服务，而是非常棒的服务。你还记有哪次服务棒到让你想告诉别人自己的体验吗？”

教室里鸦雀无声。有些同学环顾四周，却没有一个人回答。

“想不起来了，是不是？或许极致服务并不像大家认为的那么容易。我相信，大多数经理都会告诉员工要友善地提供优质服务，但他们没有解释怎样做。实际上你们是要学习如何做到这一点。

“这门课程与众不同，事实上我花了很大力气才说服学校把它加到商学院课程中。我认为学习管理专业，如果没有一门核心课程是关于客户服务的，那真是大错特错。为什么呢？因为要想业务成功，归根结底要有关系，而关系则建立在服务之上。那些从长远来看取得了成功的公司，往往都重视培养内部员工关系以及外部客户关系。我个人以为，如果商业课程只关注头脑，而不是人心，那是错误的。”

哈特利教授转向投影屏幕，说：“现在我们来看看这门课的第一个主要观点。”他手指轻敲电脑，屏幕上出现了一句话：

> 当你为自己人创造了一种激励环境时，就会得到客户忠诚度。

“伟大的公司意识到最重要的客户就是公司自己人，即员工和经理。如果领导关心照顾自己人，鼓励他们专心工作，员工便会自己想办法更好地为客户服务。这样，客户会变成回头客，公司自然会盈利。”

凯尔西不信。哪有那么容易？她想。教授肯定没去过我工作的那家店。经理一点儿都不为员工和客户考虑！她想起那个因为没退成咖啡机而大发雷霆的顾客，很是郁闷。

“在座的各位，谁现在有工作，全职或兼职?”教授问。

大多数学生举起了手。

“手别放下，我再问个问题。”他停顿了一下。

“谁讨厌现在的工作?”

凯尔西放下手，但她惊讶地发现绝大多数人还举着手。

“好，我再问一下：这里有人热爱你的工作吗?”

只有三个人举着手。很显然，凯尔西不在其中。她觉得自己对现在的工作既不热爱也不讨厌。

哈特利教授语气变得严肃起来，说：“这门课需要很多实践。从现在起，我要求你们把在课堂上所学的‘极致服务’知识运用到工作中，不管以何种形式，为你自己和周边的人创造一个更好的工作环境。不管现在你工作的地方如何运营，也不管你是否是经理，只要你真诚地对待同事和顾客，为他们服务，他们就会因你而不同。

“你们的第一项任务是建立关系。在今后一周的工作中，我要求你们注意三件事。这三件小事将改变顾客对你的态度，因为你将让他们体验到个性化服务。”

教授轻敲电脑回车键，屏幕上出现以下三点：

1. **知晓并使用顾客姓名。**
2. **聊些交易之外的话题。**
3. **态度友善。**

“首先，了解并尽可能使用顾客姓名。人们喜欢听别人叫自己的名字。其次，说些与销售无关的话题。夸一下顾客的手表或者鞋，问问他们今天过得如何，或聊聊天气。最后，要友善。听起来很容易，但真正这么做的人却越来越少。当和顾客面对面时，要看着他的眼睛，给他一个真诚的微笑。如果是电话或网上服务，态度要积极和热情。

“我知道大家都能做到，但你们现在要特别关注这三点，使之成为习惯。如果你没有工作，记住，这三点是相互的，也就是说，如果你们用这些技巧对待服务人员，那么将来你在工作中便会很自然地用这种方式与客户沟通。本周结束时，每人写一篇两页的文章，详细列出执行以上三点后的结果。

“我相信结果会令大家惊讶。因为当你把顾客放在第一位的时候，便会发现，自己对工作的态度也会有所转变。记住，关系改变了一切。”

他说得容易，凯尔西边想边收拾好东西离开教室。她不确定教授讲的在弗格森店是否行之有效。这家大型零售连锁店经常人手不足，如果花额外的时间和顾客在一起就很难完成其他任务了。看来这将是一个艰难的过程。

下午在去往健身房的路上，凯尔西还在思考教授的话。她知道店里的经理会从教授的建议中受益。在如何对待员工和客户的问题上，店里还有很大的进步空间。不幸的是，退咖啡机这类事在店里并不鲜见。在凯尔西就职于家庭和办公用品部的这一年中，经常会生着闷气回家，希望能换份工作。但是，她是个大学生，要和祖母住在一起以节省生活费，还需要打工赚学费，想再找份既给她上医疗保险又能配合上课时间的工作真的很难。

令人愉快的是，完成这门课，她就可以拿到商学学位了。凯尔西希望可以通过几周的学习对服务这门学问有所了解，这将有助于今后事业的发展，因为她希望能够在零售业工作。毕业后，凯尔西将成为弗格森店的全职员工，之后她希望能够被提升为基层经理。即使不继续留在弗格森店，这段工作经历也可以写进简历，有助于日后找工作。她在店里交了不少朋友，也有不少愉快的日子。凯尔西的终极目标是自己开店，并成为一名令人信任、受人尊重、员工愿意与她共事的领导。她知道现在离这个目标还很远，但是她正在不断努力。

凯尔西急着把车停在弗格森店停车场，她要赶着去参加家庭与办公部门的周一例会。这时，凯尔西看到一个顾客正一边把她两个大声尖叫的孩子放在安全座椅上，一边努力把刚买好的大包小包的东西放到车里。凯尔西已经迟到了，可她犹豫了片刻，还是决定去帮忙。

“您好！我叫凯尔西，我在这家店上班。我来帮您把东西放到后备箱里吧，这样您就可以腾出手来照顾孩子了。”她边说边干。

“多谢!”那个年轻的母亲终于可以踏踏实实地给孩子们系上安全带了。

凯尔西想起教授提到的三个要点。这种情形下问顾客姓名似乎有些不妥，于是她决定边放东西边与她简单聊几句。

“您这么早就出门买东西啦。正好可以避开上班高峰期。”

顾客给孩子系好安全带，笑了起来：“我们三个小时前就起床了。不过只有一个收银台开着，排了好长时间队，错过了孩子小睡时间，现在他们开始闹觉了。”

“实在抱歉，耽误您时间了。我还能帮您做什么呢?”凯尔西问。

“谢谢你的帮助，你让我对弗格森店重建了信心。”顾客坐上车。

“祝您有美好的一天!”凯尔西对顾客挥挥手，然后把购物车推回店里。

凯尔西很高兴自己帮助了那位顾客，特别是当她提到因为排长队心里很不高兴的时候。凯尔西觉得虽然迟到了，但是挽回了一位回头客还是值得的。重在关系，不是吗?

凯尔西知道她走进会议室时，经理史蒂文·沃克会批评她几句，他可是个相当准时的人。不过她也知道史蒂文是个好经理，他总是帮助自己把工作和上课时间错开，而且他工作非常努力，每天很晚才走。

凯尔西猜得一点不错，就在她悄悄走进会议室时，史蒂文说:“你可来了，凯尔西。”

“抱歉。”她决定一会儿再解释迟到的原因。

在会上，史蒂文首先回顾了一遍销售额和员工时间表，接着他抬起头，说:“大家都知道，过几个月 ShopSmart 店就要开张了，就在咱们这条街上。很多我们店的老顾客会去那家店购物，所以我们要想些办法留住回头客。公司高层表示，如果我们不能尽快想出好主意，恐怕很多人就保不住这个饭碗了。我非常需要听到你们的想法。谁愿意说一说，从今天起，我们怎样才能更好地服务顾客?”

凯尔西看没人回应，便举起手来：“我正在学校上一门客户服务方面的课程。教授告诉我们要保证客户至上，才能建立客户忠诚度。事实上，这也是我今天迟到的原因：在停车场我看到一个中年妇女正在着急把刚买的东西放到车里，而她的两个孩子大哭大闹，我就帮了她一把。”

“这个迟到的理由还算说得过去，这次就不追究了，”史蒂文微笑着说：“你们教授还说了些什么?”

“他告诉我们有三种方法可以给顾客个性化服务的感受，而这三点可以令顾客对我们的态度大为转变。”

“很好。具体说说看。”史蒂文看起来很感兴趣。

“首先，知晓顾客的姓名，并在和他们交谈时使用它们。人们喜欢听到别人叫他们的名字。第二，嗯……”她停顿了一下，“哦，聊些与本次销售无关的话题，比如顾客的孩子或者周末安排，让顾客觉得我们很在意他们。第三，友善并微笑服务。”

“太棒了!”斯蒂芬兴奋地拍起了手。“各位，这三点很简单：了解顾客姓名并在为他们服务的时候使用它们；聊些与销售无关的话题，套套近乎；保持微笑。我相信大家今天都能做到，对吧？如果大家能坚持一周就更好!”一些人点头同意。会议结束，大家开始工作。

凯尔西因为经理采用了她的建议而大受鼓舞。自从听说ShopSmart要在附近开店以来，凯尔西就听有些同事说要跳槽到那边去。她希望史蒂文今早积极的态度可以改变那些人的主意。与其考虑辞职，或许大家可以想想如何留住顾客并在弗格森店创造一个愉快的工作环境。

凯尔西戴上胸牌，从休息室走出来。她想，哈特利教授让我们将课堂所学运用到工作中去，今早试了一次，还真有用，我要每天都这么做，看看是否像他讲的那样能够产生效果。

她看到一位顾客正站在“重返校园”专柜前面，盯着手上的一张纸看。凯尔西走近一瞧，发现这是一张购物清单，标题是布兰登宿舍。

“您需要什么？我帮您找找?”凯尔西问。

“哦，谢谢，”顾客笑着说，她看起来有些焦虑。“我儿子马上就要上大学了，他需要买很多东西。这个夏天他一直忙着打工，于是我告诉他我会帮他买一些。”她摇摇头，说：“真不敢相信他就要离开我了。”

凯尔西笑了笑，同情地说：“我刚刚离家上大学时，和祖母住一起，我妈也很难过。但是她同时很为我高兴，因为我可以继续学习。您也一样，对吧？”

“哦，没错，我可不希望他天天窝在沙发上看电视！只是一想到他要离我那么远就很难过。你能帮我找找这购物单上的东西吗？非常感谢！”

“没问题，乐意效劳。我叫凯尔西。”她先说出自己的名字，希望对方也可以告诉她自己的名字。

“我叫黛安。”顾客微笑着说。

凯尔西和顾客一起，把整个店逛了一遍，购物车里堆满了床上用品、学习用具、电脑配件，甚至还有个小微波炉。清单上的东西都买齐了。这时，凯尔西提了个小建议。

“现在很多人都买一本书，是关于如何成功度过大学生涯的。书里有不少有关学习和时间管理的好建议。或许您可以买一本作为礼物送给您的儿子，表示您对他的支持。”

“这主意真棒！”黛安说：“虽然他不和我说，但我知道他对大学生活还是感到有些紧张的。”她笑了起来。

“别担心，他很快就会想您的，还会思念您的好厨艺。”凯尔西说。她冲到书架那边，拿了一本，送到黛安手中。

“谢谢，凯尔西。没有你我是绝对不会想到送这本书的。非常感谢你的帮助!”她停顿了一下，接着说：“我从来没想到在弗格森店能享受到这样的服务。你花了这么长时间，这么用心地帮我。”

“很高兴我能帮上忙，黛安。”凯尔西微笑着说，黛安轻轻握了握凯尔西的手。

这感觉真不错，凯尔西决定也这么对待其他顾客。那天一共有 6 个人称赞她的服务或者感谢她的帮助。最令她惊讶的是，她一整天都干劲十足、非常高兴，就像教授说的一样。事实上，这是她工作以来感到最愉快的一天。

第三章

什么是极致服务？

“一家伟大的公司和一家平庸的公司有什么区别?”

“伟大的公司知道如何让顾客感到他们很受重视并愿意买单。”

第二天早上，凯尔西在学校找地方停车时，想起了史蒂文给部门员工的挑战——寻找战胜竞争对手的方法。同时，她回忆起哈特利教授在第一堂课时讲过的话：如果一个公司在意自己的员工，员工就会对顾客用心，顾客自然会成为回头客。她不禁心生疑问：真就这么简单吗?

课上，哈特利教授仿佛知道她在想什么。

他问大家："一家伟大的公司和一家平庸的公司有什么区别?"

无人回答。他说："好，我来告诉大家。伟大的公司知道如何让顾客感到他们很受重视并愿意买单。并且，伟大的公司懂得建立关系，这包括与内部客户（即员工）建立关系，还包括与外部客户（即购买产品和服务的人）建立关系。专注于关系，譬如我上节课讲过的三点，是一家组织机构最有力的竞争优势。下面我们做一个简短的调查来论证该观点。"

教授在白板上画了个框，在里面写下从 1～10 这十个数字。

1	2	3	4	5	6	7	8	9	10

“现在，请大家想一下你在某一周内所做过或者所参与的所有事情或活动，比如逛商店、网购、修手机、看电影、去饭馆或干洗店。然后回忆一下你在每个地方所受到的服务，并打分，那么平均分是几？1代表服务差到不能再差了，而10代表服务好到让你觉得自己是个明星。算好平均分后请在白板上对应的数字下画勾。”

当所有同学都画好勾回到座位后，教授说：“现在，请看白板，告诉我大家勾画的平均值大概是多少。”

“5。”有些同学答道。

教授又问：“5代表什么？”

“一般。”

“不知道大家怎么想，反正我是绝对不会为一般的服务而感到骄傲的。你们呢？”他问。

同学中有的摇头，有的暗笑，还有些说：“不会。”

“现在想想你所工作的地方。如果让顾客打分，他们会打几分？”

一些同学说："5 分。"只有一个学生例外，她很热爱自己的工作并打了 9 分。

"即便如此，如果想让企业生存下去，想必 CEO 们一定不会对这个结果感到满意。实际上，他们希望顾客觉得享受了极致服务，也就是——10 分。"

"让我们看一下如何定义极致服务。"哈特利教授轻敲键盘，屏幕上出现以下一句话：

> 极致服务：始终如一地提供理想服务，留住顾客，从而提高企业的竞争力。

"简单地说，就是企业通过一系列举措，令顾客感觉到备受关心，以此来实现极致服务。"

凯尔西想到了黛安，那个即将送儿子上大学的母亲，笑了起来。黛安曾说过她感到凯尔西确实关心她。

"你们下一个任务是准备一个五分钟演讲，列举人们表现出关心你或他人的实例，场所可以是购物、参观或工作的地方，面对面、通过电话或网上沟通都可以。"教授说："如果细心观察，你会发现有足够的内容可以讲。"

凯尔西觉得她的大脑在飞速运转。她感到自己已经开了个好头。"虽然我只在弗格森店工作了一年，但或许我能让这家店有所转变。”真是疯狂的想法。她连经理都不是，能在弗格森店创造一个积极的客户服务文化吗?

凯尔西决定不仅在她周围寻找实例，还要通过自己的实践创造案例。

如果通过史蒂文的帮助，她可以将哈特利教授的理念灌输给同事，或许顾客们就会开始注意到弗格森店的服务正在日益改进。她发现自己竟然开始期待去上班了。

放学回家路上，凯尔西要去药店帮祖母取治疗高血压的药。凯尔西已经光顾那里一年多了，可是那个药剂师比安卡，总是表现得好像第一次见到凯尔西一样。由于一心想着如何创造卓越的客户服务，所以凯尔西决定，虽然今天她是客户的身份，也要试试刚刚学习的理念，让比安卡见识一下。

她走近柜台，看见比安卡胸牌下面挂着一条蓝色丝带，上面绣着“哇”。

“有什么能帮到您的?”比安卡语气单调地问，她看起来又累又无聊。

“你好，比安卡。很高兴又见面了。今天过得怎么样?”凯尔西笑着问。

“还行。”比安卡回答。她依然面无表情。

凯尔西停顿了一下，说：“请问凯瑟琳·威尔逊的药准备好了吗？”

比安卡转过身从抽屉里拿出一个小白袋，又转过身来交给凯尔西。

“四块钱。”

凯尔西从钱包里拿出五块，笑着递给比安卡，高兴地说：“我祖母的药可以打折真是太好了，因为她工资不高。哦，对了，你丝带上的‘哇’是什么意思？”

比安卡向下看了一眼，说：“哦，那是提醒我们要提供优质服务，让顾客满意到喊‘哇’。”她翻了翻白眼，轻轻摇了摇头。

比安卡收钱找零，并把发票交给凯尔西，语调像机器人一样，说：“感谢光顾，欢迎再来。”紧接着，她把目光转向凯尔西身后，说：“下一个。”

“哇？！”凯尔西觉得真是挺讽刺的。

很显然，让员工去令顾客喊“哇”或是在胸牌上挂丝带并不足以奇迹般地激励员工提供卓越服务。回家的路上，凯尔西意识到，寻找或创造教授所说的极致服务比她预想的要复杂。

到祖母家的时候，凯尔西的心情又好了起来。她知道祖母在她到家时总会说些令人愉悦的话。

“凯特祖母，我回来了。”像往常一样，她说。

没有回应。凯尔西知道祖母应该在家，因为她没开车，也没计划和别人出去。

“祖母?”凯尔西提高了嗓门，迅速地查看每个房间。到厨房时，她听到祖母用微弱的声音叫她的名字。

凯尔西转身一看，发现祖母躺在地上。她赶紧跑上前，说：“祖母，您还好吗?”

“哦，我还行。”祖母说，语气有些犹豫：“没什么大事儿，真的，几分钟前我被地垫绊了一下摔倒站不起来了，真是笨手笨脚的。”

凯尔西扶祖母站起来，发现她左手腕有些淤青和肿胀。凯尔西认为祖母需要去看医生，于是她们向急诊中心赶去。

值班医生确诊是轻微扭伤，他给凯尔西一张清单，指导她在接下来的两三天需要如何做。并给祖母戴上护腕，告诉她尽可能一直戴着它。接着，医生说：“我把您转到一个叫‘行动正确’的理疗诊所。您可以预约下周初消肿以后去那边。他们会为您制定治疗方案。”他转向凯尔西，说：“你们一定会喜欢那里。他们治疗效果很好，而且非常关心客户。”

嗯，凯尔西想，关心这个词又被提到了。

回到家，凯尔西给祖母倒了杯茶，帮她在椅子上坐舒服，然后打电话给理疗诊所。因为已经过了五点，凯尔西估计诊所应该下班了。

电话只响了一声就被接了起来，“晚上好，感谢致电‘行动正确’诊所，”那边传来友善的声音：“我是芭芭拉，有什么可以帮到您？”

“哦！真没想到这么晚还有人接听电话。我需要给祖母做个预约。她今天把手腕扭伤了。”凯尔西说。

“听到这个消息我很难过。希望能帮到您。”芭芭拉说：“我们一周有三天营业到晚上七点来配合顾客的工作时间。我来看看什么时间对您祖母最合适。”

所有信息都收集齐后，芭芭拉把凯尔西的祖母安排在下周一下午。“这样她应该有足够时间消肿。请让您祖母继续戴着护腕，我们周一见。”她说。

“非常感谢。”凯尔西挂上电话，笑着对祖母说：“她人不错，我觉得我们会喜欢这家诊所的。”

第二天早上，凯尔西在店里给货架补货的时候听到了两个同事的对话。艾米抱怨说："老有顾客来问这问那，耽误我补货的时间，他们都不愿自己好好找找。"

"没错，"罗德说："上次史蒂文批评我，说我故意拖延时间不好好干活，可我慢是因为要停下来帮助顾客啊。活儿都干不完了。"

凯尔西走过去，小声说："伙伴们，别忘了，我们要表现得很在意顾客，这样他们才不会转而选择 ShopSmart。"

罗德看了眼凯尔西，说："我可不觉得这家店的管理者在意我们。我努力工作，完成任务，可从来没听他们说过'谢谢你，罗德'或是'做得很好，罗德'。我觉得我在这就是一个数字。为什么要积极主动干活啊?"

艾米点点头，说："我听说 ShopSmart 和这儿工资水平一样，对员工可比这儿好多了。我在考虑跳槽去那边。"

凯尔西承认他们俩说得没错。弗格森的高管们从没做过任何事来表现对员工的关心。这让她想起教授提到的内部客户：关注客户关系，既包括与外部客户的关系，也包括与内部客户的关系，是一个组织最有力的竞争优势。弗格森的领导们还要做很多努力才能既赢得外部客户，又防止内部客户——员工的流失。

下午凯尔西下班回来，看见祖母手上拎着包站在客厅。

“什么事，祖母？”凯尔西问，看见祖母脸上调皮的表情，她不禁笑了起来。

“凯尔西，你最近工作非常努力。所以我要你现在转身出门，我请你吃晚饭。我在朱塞佩订了座位，那可是你最喜欢的餐馆。”

凯尔西不好意思地说：“祖母，您不需要这么做。”

“你知道的，我喜欢给你惊喜，更何况你总是为我做很多事。”祖母说：“再说，我也需要出门透透气，这只扭伤的手腕让我有些烦，需要转移一下注意力。当然，你开车。”

“既然您坚持，那就去吧。”凯尔西笑着说，开门走了出去。祖母跟在后面，关上门。

刚走进这家意大利风味小餐馆不久，她们就闻到一股浓郁的大蒜味。

“很高兴又见到你们，威尔逊太太，凯尔西。你们有日子没来了。”站在领位台的店主说。他拿起两份菜单，领她们走进餐厅。“给你们安排了一个靠窗的座位，我记得威尔逊太太喜欢看路边的行人。”

祖母很高兴，说：“哦，朱塞佩，真不晓得你怎么连这些小事都记得这么清楚。”

“有时事情虽小，却很重要。”朱塞佩笑着说：“我给你们介绍一下今晚的特别推荐……”

在整个晚餐过程中，餐厅员工们向凯尔西和祖母展现了什么是极致服务。不仅是店主，服务生也很亲切细心，并不断地给她们倒水、添面包。饭菜仍是那么好吃，剩下的打包回去还够吃两天。

二人离开餐馆时，正是周五晚高峰时段，餐馆外面排了长长的队。凯尔西记得朱塞佩说过他想扩大店面或再开一家分店，但又不想破坏这种温馨的家庭氛围，或使多年建立起来的服务信誉受到影响。

现在，凯尔西比任何时候都相信，卓越的客户服务才是业务打开成功之门的钥匙。

第四章

变革的催化剂

自从在弗格森店上班以来，这是凯尔西第一次感觉到受到重视。她在积极改变上成功地迈出了第一步。

在周一早间例会上，经理史蒂文先与大家分享了一件令人高兴的事情：

“上周我们店领导收到了一封客户表扬信，感谢我们部门某位同事的优秀服务。”他说：“这封信我读了好几遍，感到非常骄傲。然后我意识到，作为部门经理，我也应该为大家创造这样的自豪感，我做得很不够。”

凯尔西有些吃惊，因为史蒂文很少表现得如此感性。

“之前，我让大家开始花更多的时间和精力与顾客建立融洽的关系，这仍是我们当前的主要目标。与此同时，大家也要互相帮助，把同事当成顾客一样对待。我也会改进，更留心观察大家在工作中的努力，比如将货架上的货物摆放整齐、保持过道清洁、彼此间互相帮助或花时间关心顾客等等。总之，我会留意大家的一举一动。你们和顾客一样，都应得到关心和关注。”

凯尔西和同事们很受鼓舞。有些人小声交谈着，有些人开心地笑起来。

史蒂文接着说："最近几周，我们部门的业绩很不错，甚至比去年同期还要好。现在正是开学前的销售旺季，家庭和办公用品部是全店最忙的部门之一。我知道，大家工作都很努力，保持货架商品充足并帮助顾客满足他们的需要，你们都做得很棒。这段时间，我们非但没有收到任何投诉，还得到了一些表扬，比如这封感谢信，它是写给凯尔西·杨的。"

史蒂文开始大声朗读起来，凯尔西惊讶极了。

尊敬的经理：

我最近在弗格森店给儿子买东西，他就要去上大学了。我写这封信是为了感谢你们的销售人员凯尔西，她不但帮我找到需要买的所有物品，并且她的服务也让我非常感动。

因为儿子就要离家去上大学了，我最近变得有些情绪化。凯尔西非常能理解我的感受。她把这次购物过程变成了有趣而又开心的经历。凯尔西不仅帮我找到了购物单上列出的所有物品，还给了我一些很好的建议。她非常友善、耐心并且很关心我。

凯尔西的服务非常棒。在此之前我从未在弗格森店享受过如此待遇。我一定会再来这里购物，而且我会把这次经历告诉给朋友们。

诚挚的，

黛安·埃尔南德斯

“凯尔西，做得好！”史蒂文说：“感谢你为我们部门和弗格森店树立了这么好的形象。”

凯尔西有些不好意思，但她又感到非常骄傲。如果其他同事觉得他们的工作会被认可，他们或许也会主动帮助顾客的。

“好了，我们现在进入下一个议题。”史蒂文拍拍手，说：“谁有什么好主意可以帮助我们打败竞争对手？”

同事们面面相觑。会议室里一片寂静。

“没人说一说？”史蒂文看起来很失望，说：“我以为大家都会跳起来利用这个机会给对手一记重拳。你们的战斗精神哪儿去了？”他勉强笑了一下，仍没人说话。

凯尔西本想举手说几句，可她觉得史蒂文刚刚念完表扬信，现在再说点儿什么就会显得很做作。于是她也保持了沉默。

“那好，大家去工作吧。记住，顾客至上。”史蒂文挥挥手，大家马上离开了会议室。凯尔西走在后面，她为老板感到遗憾，因为她知道他在尝试关心员工。

“经理，感谢您和我们分享这封信的内容。我可以复印一份吗？我想念给祖母听。”

“当然。”他笑着把信递给凯尔西。“记得把原件还回来，因为我要把它放进你的档案里。”

凯尔西决定趁此机会和史蒂文讨论一下她刚刚在会上想提出的几点建议。“您还记得上周我和您提起正在上有关客户服务的课程吗？这门课的重点就是强调与客户，包括内部客户和外部客户建立关系的重要性，要让他们感觉到我们很关心他们。”

“没错，你和我们分享了不少好点子。”史蒂文饶有兴趣地说：“如果信上的内容是你课后实践的结果，那你需要继续把在课上所学运用到工作中去。”

“谢谢，我会继续坚持。其实我发现设法给顾客留下好印象是件很有乐趣的事情。这实际上让我更加享受现在的工作。或许听起来有些老套，但是我今天给自己定的目标就是让每个顾客都满意地微笑。”

史蒂文看起来有些惊讶，说：“太好了，这是双赢嘛！”两个人都笑了起来。现在经理的心情好了不少。“我非常欣赏你的这份激情。或许你可以帮我一起调动整个部门的干劲。你能不能时常和我分享课上所学，一起把这种积极的态度传递到整个部门？我们部门或许可以成为弗格森店的学习实验室。要想与 ShopSmart 竞争，我们必须赶紧行动起来。”

他们决定每周一例会前花几分钟碰下面。凯尔西会将她最近所学到的知识告诉史蒂文，他若觉得与部门有关就会在例会上与大家一起分享。

自从在弗格森店上班以来，这是凯尔西第一次感觉到受到重视。她在积极改变上成功地迈出了第一步。

“我到家了，祖母。该去做理疗啦。”凯尔西边进屋边喊。

祖母笑着走过来，手里拿着包。“孩子，我一小时前就准备好了。”

去诊所的路上，凯尔西告诉祖母经理在例会上把感谢信读给大家听的事。

“真高兴你把信复印了一份。我好想马上就读一遍。”祖母说：“孩子，要知道，当你全心全意对待别人时，别人也会对你好。把帮助别人当成自己工作的一部分真是太好了。无论生活如何改变，这种态度都会对你有益。”

祖母时常发表一些真知灼见，这回她的想法竟然和教授对服务的看法一样，即要关心他人。

凯尔西和祖母走进诊所，服务台后面的工作人员微笑地看着她们，说：“下午好，我想您就是凯瑟琳·威尔逊吧。”

“是的，我是，叫我凯特就行了。”祖母说。

“好的，我叫芭芭拉。请填一下这些表格，我去通知爱丽丝您已经到了。”她递给祖母表格和铅笔。

祖母拿着表格，正准备和凯尔西一起坐下，这时里面的门开了，一位身材娇小的女子走了出来，她梳着一条长长的马尾辫，身穿白大褂，手里拿着文件夹。

“威尔逊太太。”她看着祖母轻声叫道。祖母摆了摆戴着护腕的胳膊。

那女子微笑着向她们走过来。“您可以随我来，在检查室完成表格。”她轻轻地握了一下祖母没戴护腕的那只手，热情地说：“我叫爱丽丝·怀特，我会帮您尽快恢复。”她转向凯尔西微笑起来。

她握了握凯尔西的手，说：“你一定是凯尔西。是你带威尔逊太太来诊所的吗?”凯尔西点点头。

“是的，她是我孙女，也是这个镇里最贴心的司机。”祖母说：“这是我生平第一次做物理治疗。我可以叫您怀特医生吗？”

“叫我爱丽丝就好了。虽然我有医学博士学位，我还是喜欢和病人相处得更随意一些。”

“那好吧，爱丽丝。你也可以叫我凯特。”祖母笑着说。

“好的。我们现在去治疗室吧。”

在她们前往治疗室的路上，祖母问：“爱丽丝？”

“什么事，凯特？”

“我每周六在小区的公园有太极拳课，希望我的伤不会影响到继续上课。”

“我需要先检查一下再给您答复，但估计问题不大。只要您告诉老师受伤的情况并一直戴着护腕，相信大部分动作都是可以做的。尽可能地继续做您喜欢的活动很重要，因为这能帮助您更好地康复。”

爱丽丝一边为祖母做检查，一边做自我介绍，凯尔西则顺便填好了表格。爱丽丝说她是家里第一个大学生，后来又成立了自己的诊所，已经经营六年了。

“对了，我来介绍一下会和我一同为您服务的同事。”爱丽丝轻轻打开门，说：“芭芭拉，你可以让亚历克斯在有空时来趟3号诊室吗?”

没过一会儿，一位身穿衬衫的年轻小伙子敲敲门，走了进来。

爱丽丝说：“威尔逊太太，凯尔西，这是亚历克斯，他是我的理疗助手，也是办公室的‘能量棒’。亚历克斯，这是威尔逊太太和她的孙女凯尔西。威尔逊太太手腕扭伤了，她会来咱们诊所进行治疗，凯尔西会陪着她来。”

“很高兴见到二位。”亚历克斯边说边热情洋溢地与她们握手。“威尔逊太太，爱丽丝是最棒的。我也会尽力帮助您。您的手腕很快就会好起来的。不好意思，我的下一个病人到了，请容我先走一步。”他道别后离开了诊室。

在接下来的半小时里，爱丽丝一边为祖母治疗，一边为她做详细的解释。祖母时不时地问些问题或聊些别的，爱丽丝看起来一点儿也不介意，从始至终都非常耐心仔细。祖母在这个新环境中感到很是开心自在，这给凯尔西留下了深刻的印象。

在祖母去卫生间的时候，爱丽丝对凯尔西说：“你祖母人真不错。当病人态度积极时，我们的工作就会容易很多。而且这会帮助她更快地康复。”

“祖母是一个特别积极乐观的人，您看起来也一样。很显然您热爱自己的工作。事实上，我们在这里遇到的每一位工作人员看起来都很喜欢他们的工作。”凯尔西说。

“的确如此。我们诊所有一个特别棒的团队，简直就像一家人一样。我很幸运能和这么有爱心并对工作充满热忱的人一起工作。我知道，当员工心情愉快时，客人们是可以看出来的。”

凯尔西不禁把爱丽丝对工作的积极态度与弗格森店员工的态度做起了比较。多么不一样的心态啊，她想。

“我们需要你祖母在未来的四到六个星期每周来诊所两次，在那之后，她的手腕就应该好得差不多了。”爱丽丝说：“由我或者亚力克斯负责她的治疗。”

“相信她一定愿意与二位合作，”凯尔西说：“我需要把她的治疗时间与我工作和学习的时间错开，应该问题不大。我现在在州立大学商学院学习，住在祖母家，需要去哪儿都可以开车带她去。”

“太好了，”爱丽丝说：“几年前我在州立大学学习物理治疗时，也选修了一些商学院的课程。”

祖母走回诊室，深吸口气，说：“好了，凯尔西，我已经准备好，可以随时出发了。现在需要回家洗个热水澡，好好泡泡我这把老骨头。”

爱丽丝笑起来，说：“我也喜欢这种放松方式。凯特，周三见!”

第五章

理想服务

“这周作业就是，寻找理想服务及其反例。尽可能详细地写出谁提供了服务，他们代表了哪个企业，是如何给你留下好印象或坏印象的。记得写下你的感受。”

“你们的演讲都很精彩，做得好。”哈特利教授说：“这为我们后面的课程打下了很好的基础。”

“在接下来的几周，我将向大家介绍简写为ICARE的服务模式。我们将逐一讲解并讨论每个字母。然后你们要在工作生活中寻找具体案例，并写下你们的经历。现在，我们要从更高层面来讨论服务。”

他轻敲电脑，ICARE模式出现在大屏幕上，学生们看到了第一个字母及其代表的意义。

I——Ideal Service 理想服务

C——

A——

R——

E——

哈特利教授问：“自从上堂课结束后哪位同学遇到过理想服务？谁可以举例说一说？”

大家有些困惑，小声嘀咕，却没人发言。

“我来详细解释一下，或许大家会更明白什么是理想服务。无论你处在哪个行业，作为服务提供者，你可以每天通过言语和行动来证明服务的重要性。如果设立一个服务他人的荣誉榜，那么提供理想服务的人无疑会高居榜首。下面是理想服务的正式定义。”他翻到下一张幻灯片：

理想服务

坚持服务至上，满足客户每日需求

这让凯尔西想到了诊所的爱丽丝和芭芭拉。

“我在这里停几分钟，请大家做一下笔记，希望你们牢记这句话。”教授说：“现在你们知道了理想服务的定义，谁愿意和大家分享一下具体案例？”

一位叫内森的同学举起手。

“上星期父亲让我帮他把车送到修车行，因为更换机油的警告灯亮了。我把车开到了父亲经常去的那家小修车行。把钥匙交给师傅后，走到休息室。这时老板来和我打招呼。我问他生意如何，他说：‘现在经济不好，很多同行日子都不好过，

不过我们店的生意依然蒸蒸日上。’

“15 分钟后，师傅走过来告诉我车不需要换机油。他说警告灯有时并不准确，现在的机油还够再用 2 000 英里左右。他还检查了引擎。最后一分钱都没收，我真是吃了一惊。现在知道为什么父亲 15 年来只去这一家修车行，也明白了为什么他们生意能这么好。”

同学们开始小声谈论起来。哈特利教授看着内森，高兴地说：“谢谢，内森。在你今天离开前，请留下这家店的名字和地址，我想我和同学们都会需要。”他转向大家。“请大家注意，由于这一小小的善意之举，商家没能赚到换机油的钱。但是，因为内森把这件事告诉了我们，这家店却可能赢得五六个新顾客。哪位还有理想服务的例子？”

凯尔西举起手，谈到诊所的芭芭拉和爱丽丝是如何通过欢迎她和祖母、花时间解释流程并回答问题以及让祖母感到温馨舒适等一系列举动来展现她们对顾客的关心。

凯尔西说完后，教授感谢她的发言，并说：“你不需要是个天才就能发现生意成功与否和理想服务有很大关系。所以，这周作业就是，寻找理想服务及其反例。尽可能详细地写出谁提供了服务，他们代表了哪个企业，是如何给你留下好印象或坏印象的。记得写下你的感受。”

凯尔西到达弗格森店后就开始积极工作起来。她决定自己创造一个理想服务的案例，并得到顾客的正面回馈。

她开始检查位置摆放错误的商品，当走到拐角时差点儿撞到一个身材高大的男人。那人正弯着腰，仔细看着吸尘器前的标签。他被吓了一跳，然后直起身看着凯尔西。

“哈，你在这儿太好了。”当意识到凯尔西是这里的工作人员后他说。

“是的，”她微笑着说：“我叫凯尔西。”

“嗯，我叫汤姆。”

“您好，汤姆，有什么可以帮到您的呢？”

“我想给太太买一台吸尘器做生日礼物，要最好的。”他指向那台样机。“这台看起来不错，还是特价，你觉得这款怎么样？”

凯尔西的第一反应是：天哪，吸尘器做生日礼物可不怎么样！可她立马想到她的工作不是劝顾客不买东西，而是提供理想服务。

“您说的没错，这个型号非常受欢迎。这个牌子在功能上很受好评。而且附件也很容易安装或拆卸。”她边说边示范。“并且该型号静音效果也不错。”

“那真好。我很讨厌她在我看电视的时候开吸尘器。我们现在那款太吵了。”汤姆对凯尔西笑了笑。

她分不清汤姆是否是在讲笑话。她想，哎哟，比起太太，他更关心看电视。这挑战比我想象的还要艰巨啊！

“关于这个型号，您还想了解些其他信息吗？”她问。

“应该没有了，我就买它吧。”汤姆从样机旁边拿起一台新的。他顿了一下，说：“其实，还有一件事或许你能帮我一下，虽然你还很年轻。”

什么？我太年轻了。汤姆真是个有意思的家伙，这次交易可够完美的。凯尔西嘲讽地想，她咬紧牙关，努力挤出微笑。

“我尽量，汤姆，您还需要点什么？”

“嗯……”汤姆看着手里的吸尘器，问：“你觉得我太太会喜欢这个吗？我是说，我知道她一定会喜欢，因为这款吸尘器很好用，但是，嗯……”他看向凯尔西：“如果你结婚了，先生送一台吸尘器做生日礼物，你觉得如何呢？”

凯尔西呆住了。她想，要告诉汤姆我的真实想法，那估计他就不买了。等一下，我不应该只想着销售，而是应关注理想服务，也就是坚信服务至上，满足顾客需要。现在，他需要的是一个诚恳的答案。

“汤姆，既然您问到我，我想说，如果我结婚了，而先生送这个作为生日礼物，即使这是全世界最棒的吸尘器，我想我也会感到……”她停顿了一下，找了个合适的词：“失望。”

“我就知道是这样!”汤姆大叫起来。“我兄弟告诉我买吸尘器是个好主意。我从来不同意他的想法！非常感谢你对我这么诚恳。”说着，他把吸尘器放回货架，凯尔西松了口气，同时又因为没能把它卖掉而有些难过。但是，她知道这么做是正确的。

“好了，凯尔西。”汤姆搓搓双手，说：“现在我要用这份钱买点儿太太真正会喜欢的东西。我觉得你能帮我找到她心仪的礼物。你看起来知道自己在做什么，而且确实在乎我太太是否会拥有一个愉快的生日。这再好不过啦。”

凯尔西不敢相信刚刚发生的事。她收回刚才对汤姆的看法，他没那么坏。这次经历将给汤姆留下很深的印象，而且她也为店里提高了销售额。汤姆最后选了一个很典雅的水晶花瓶并说他太太可以用它来插喜欢的花。接着，凯尔西陪汤姆走到珠宝部门，让朋友瑞秋帮忙挑了一副很漂亮的手镯。

凯尔西决定把这份经历写进作业中。她非常兴奋，因为在这个故事中，她作为服务提供者实现了理想服务。

祖母和凯尔西走进诊所，芭芭拉起身欢迎她们。这时，亚历克斯也走到候诊室。

“威尔逊太太，您好！凯尔西，你好！很高兴又看见你们。上次治疗后您感觉如何？”

“有点儿酸疼，应该是正常现象吧。”祖母愉快地说。

“您进来，我给您检查一下吧。凯尔西，你愿意一起进来吗？还是在候诊室里等？”

“哦，我带了电脑要写作业，就在这里找个地方坐着吧，多谢！”凯尔西说。

“我们有一个阅览室。你在那里学习会更安静舒服一些。在走廊的尽头，右手边最后一个门就是。”亚历克斯指着那个方向说。

“太棒了。”凯尔西说：“我可以安安静静地写作业了。”她走到阅览室，有些吃惊。房间虽然不大，布置得却很舒适，像客厅一样。

凯尔西把帮助汤姆为太太挑选生日礼物的故事作为理想服

务的案例记录了下来。祖母治疗结束时，她正好写完。

凯尔西周六上午不用上班，于是预约了 10 点到她心仪已久的美发店理发。

她一走进美发店，就注意到高高的屋顶和以黑色和黄褐色为主色调的装潢，显得非常高档有格调。大部分工作台都在使用中，所有的发型师都身穿黑色着装，很是时尚。有些人在等候区浏览杂志。凯尔西很期待能在这样高档的地方理发。她走向前台，那个年轻的接待员正在看平板电脑。一分钟过去了，他还没有注意到凯尔西。于是她轻轻地咳了一声。

前台看了她一眼，笑着说："别着急，我看到你了。"

凯尔西觉得有点儿不爽，说："我约了 10 点，理发师是贝贝。"

前台低下头看平板电脑，点了几下，说："哦，你是凯尔西吧?"她点点头，他接着说："请到那边坐一会儿吧，贝贝给现在这位弄完，下一个就是你了。"他指了一下一位又高又瘦的发型师，那位发型师染了一头亮亮的红发，正站在第一工作台为顾客取下头上的湿毛巾。

凯尔西拿了本杂志坐下，时不时看一眼贝贝。她看见贝贝边为顾客梳头边问："您今天想来个什么样的造型?"于是，凯尔西站起来走回前台。

她说："请问，"前台把目光从平板电脑移到凯尔西身上。"我预约了 10 点，现在已经 10 点过 5 分了。我刚刚听见贝贝问那个顾客想弄什么样的造型。你估计我还要等多久啊?"

前台看了眼贝贝，说："贝贝是个完美主义者，天晓得还要多久?"

凯尔西感到她的脸开始发红，说："不好意思，可我是按时到的，她不应该现在才开始给这位顾客理发。"

"贝贝，"前台叫了下发型师，"你能来这边一下吗?"贝贝和顾客说了几句，边嚼着口香糖边走过来。

前台对贝贝笑笑，指着凯尔西，说："这位顾客想知道她还要等多久?"

贝贝笑起来。"我也不知道啊!"她一边大声说，一边继续大嚼口香糖。"每个人头发都不一样。"她把手插在屁股兜里，看着凯尔西，问："你干吗要问时间啊?"

"因为我约了 10 点理发。"凯尔西争辩起来："好像我进来时您刚刚开始给那位顾客做头发。"

"哦，是啊，她来晚了，可她是我一位熟客的朋友。"贝贝边说边用手指捋了捋凯尔西的头发。“哎呀，宝贝儿，你头发有问题啊。”她咯咯地笑起来，说：“相信我，你确实需要帮助，多等一会儿还是值得的。”她冲那边的顾客点点头，说：“估计要一小时左右。你可以坐这等，或者 11 点再回来。”

“不行，我等不了，也不能在 11 点回来，我要在 12 点开始工作。”凯尔西越来越不耐烦，说：“所以我才把时间约在 10 点。”

“别着急，宝贝儿，我会让你的发型焕然一新的。”她边说边走回一号工作台。

前台敲了敲平板电脑，说：“我们看看下周什么时间贝贝有空，你可以再重新预约一下。”

“不，你根本不明白。我不会再预约了。”凯尔西觉得这简直难以置信，她说：“你们这家店很漂亮，我原本非常高兴能在这理发，可想不到你们竟然这样对待新顾客。我不会再回来了，永远不会！”说完，她转身走出了那家美发店。

她把车开出停车场，还是十分生气。这段空出的时间正好可以去健健身消消气。幸亏把健身包放在车后了。想到这，她心情好了一些。她又转念一想，虽然没理成发，现在却有了一个活生生的理想服务的反面案例。

凯尔西很兴奋。史蒂文和她约好每周一部门例会前要和她单独开个小会，这周是第一次。她有很多想法要和史蒂文分享。她知道，史蒂文明白服务质量在弗格森和 ShopSmart 的竞争中是多么重要。她很期待能够实施自己的建议并得到史蒂文的支持。

但是，当她到会议室时却空无一人。几分钟后，她的同事罗德走了进来。之后其他同事也陆续到了。8：30 时，史蒂文急匆匆地走进来直奔他的座位，手里还拿了个文件夹。当看到凯尔西时，他做了个投降的手势，摇摇头，做出对不起的口型。

会上，凯尔西看得出史蒂文很紧张。他谈到这周的销售数据与去年同期持平。当他提到 ShopSmart 时更是显得有点儿不知所措。

会议结束后，史蒂文走向凯尔西，说："对不起，今早有个经理会议，我完全把咱俩的会给忘了。不过我还是想知道你在课上都学了什么，并且这些知识能如何帮助我们，这非常重要，特别是现在这个关键时刻。下周我一定会在 8：20 准时和你碰面，我把它放在日程表里，这样就不会忘了。一会儿见。"

说完，他急匆匆地走出会议室。

凯尔西有些失望，不过至少史蒂文还是愿意听听她的想法的。他显然压力很大，或许是因为在经理会议上听到了什么。凯尔西甚至怀疑自己会丢掉这份工作。

当天下午，亚历克斯在诊所为祖母做治疗，他看着凯尔西，问："希望你别介意我这么问，一切都好吗？"

凯尔西眼睛盯着墙上的图表，有些走神，她在想工作的事。亚历克斯忽然这么问吓了她一跳，把她拉回了现实。"什么？没有，哦，我是说，一切都好。"她摇摇头，笑了起来，"不好意思，我走神了。"

"凯尔西最近工作非常努力。"祖母说："她正在大学里学习客户服务课程，但是发现她现在工作的店在这方面做得很差。"

"祖母！"凯尔西说，她对祖母的直率和诚恳报以一笑。

"这很有意思。"亚历克斯说："事实上，我们诊所经常讨论客户服务这一话题。爱丽丝非常坚信服务至上。自从到这里工作，我从爱丽丝身上学到了很多。提供好的服务其实比人们想得要容易很多。"

“没错!”凯尔西惊叹道:“真不明白怎么这么多公司都想不通呢!”

“其实就是关心理解顾客、客户、病人,或任何其他的服务对象。”亚历克斯说:“就是为他们着想,让他们高兴。”

“没错!”凯尔西说。这几周来,凯尔西所听所想的和亚历克斯刚刚说的一模一样。真是太好了。亚历克斯看起来和凯尔西一样对服务充满激情。

“你下次来的时候应该和爱丽丝聊聊。”亚历克斯又转向祖母,对她说:“正好,爱丽丝这周三为您治疗。因为我还有个预约。”

“谢谢你,亚历克斯。我会和爱丽丝谈的。”凯尔西说:“有她这样的老板可真好,特别是你们都非常相信服务的重要性。她一定是个特棒的老板。”

“的确如此,”亚历克斯说:“她会帮到你的。”

第六章

服务文化

“请寻找两家能够展现服务文化的企业，并写篇短文。想想你所工作的地方：你是否知道公司的愿景或价值观？公司是否有服务愿景？如果不知道，请问一下你的领导。如果恰当的话，可以将你所在企业作为其中一个案例。”

“你们都很想知道 ICARE 中的 C 代表什么，是吧?”哈特利环视教室，满脸笑容地问。他轻敲电脑，大屏幕上出现了以下内容：

I——Ideal Service 理想服务

C——Culture of Service 服务文化

A——

R——

E——

“任何一家组织的文化都应建立在一个共同的愿景和价值观之上。并且，企业的领导需要确保每位员工都了解该愿景和价值观。”

凯尔西发现前排有位男士正专心听课，这人她之前并没见过。会是谁呢?

“真正的服务文化需要包括服务愿景，因为任何一个组织，无论是企业还是非营利机构，甚至是政府，都在为客户服务。”教授敲了一下键盘，屏幕上出现下一张幻灯片：

服务文化

促进构建以服务客户为重点的环境

“组织的服务愿景和价值观越清晰，就越容易建立起浓厚的服务文化，因为每位员工都会专注于其工作重点，并了解组织对他们的预期。并且，这有助于让每位员工清晰地建立其服务观。作为一名服务提供者，你有怎样的服务观决定了你将如何为客户服务。”教授停顿了一下。

“今天，我请到了一位特别来宾，他将更清晰地解释什么是我所讲的服务文化。”教授将目光转向坐在前排的那位陌生男士。

“这位是我的大学同学，也是我的好朋友，丹·穆雷先生，他将与我们分享一个极致服务的成功案例。丹是 ShopSmart 运营部副总裁，他在这家公司已经工作 12 年了。”

凯尔西一听是 ShopSmart，马上觉得有些抵触。

教授接着说：“ShopSmart 很快会在咱们这个区开一家新店，丹负责确保每个员工在营业第一天就开始提供极致服务。

ShopSmart 的职工在全美成功创造了卓越的服务文化。课上，我曾经讲过伟大的组织如何保持其竞争力，ShopSmart 正是这样做的。现在，我们有请丹·穆雷先生。”丹走上讲台，大家鼓掌欢迎。

“感谢您的邀请，哈特利教授。”丹开始讲话。

“正如哈特利教授所说，一个组织的文化由多个要素所构成：人、历史、愿景、价值观、信誉、大事件，甚至周年庆典。”丹开始了他的讲演：“其中，有些是有意培养的，而有些是自然形成的。但服务文化必须要有意识地建立，这需要将客户作为中心，并且每位员工都有责任去实现该服务愿景。”

“有时，一些公司文化，比如经理为同级和下级员工设立开放政策，有助于建立服务愿景；但有时，公司文化的某一方面，比如公司历史，会阻碍提供卓越服务，特别是当公司高层管理人员认为他们一贯如此运作不需任何改变时。”

凯尔西的态度从防备渐渐转为专注。听到丹的讲话，她马上意识到 ShopSmart 的服务文化和弗格森大相径庭，或是说，弗格森根本没有服务文化。

丹大约讲了半个小时。其间，他向大家解释了 ShopSmart 如何建立其服务文化，以及如何保持该文化。

“下面我总结一下服务文化的要点。大家可以将这几点与你具体的工作单位联系起来。”丹总结道：“要实现真正的服务文化，需要以下几个要素：高管的同意和支持；所有员工得到极致服务培训，比如什么是极致服务，它是如何体现的，并且如何提供这种服务；包括后续活动在内的可持续性计划；以服务为重心的目标；以及衡量进步的方法。”

丹入座之后，哈特利教授感谢他的演讲，并布置本周作业。“请寻找两家能够展现服务文化的企业，并写篇短文。想想你所工作的地方：你是否知道公司的愿景或价值观？公司是否有服务愿景？如果不知道，请问一下你的领导。如果恰当的话，可以将你所在企业作为其中一个案例。”

真希望可以用弗格森作为案例之一，可惜那是绝对不可能的，凯尔西想。

同学们陆续离开教室，而凯尔西仍坐在座位上。丹所讲的话对她触动很大，甚至她希望自己能够在 ShopSmart 而不是弗格森工作。其他同学离开后，她走到丹的面前。

“穆雷先生，您好！您讲得真是太精彩了。我叫凯尔西·杨。”她与丹握了下手。

“你好，凯尔西。叫我丹就好了。”

“我在弗格森工作，弗格森是 ShopSmart 的竞争对手之一。虽然很难过，但我必须承认，弗格森没有任何类似于 ShopSmart 这样的服务文化。”

“哦，是的，我很了解弗格森。”丹说，他紧接着又将话题转到 ShopSmart 上。“我为我们的文化感到自豪，客户也会因此感受到关心。没有外部客户，公司将无法生存。但是，我们也深知要关心每一位内部客户，也就是我们的员工，所以我们会尽己所能地感谢他们的努力。”

“真希望我们也有同样的环境。”凯尔西笑着说。

“你和领导谈过如何在店里做出改进吗？要知道，不积跬步，无以至千里啊。”

“其实我和部门领导史蒂文谈过了，他对这些想法很感兴趣，可是他和我一样很失望。我根本不觉得公司高层在意我们。比起让客户高兴，无论是内部的还是外部的，他们更重视销售数字。”

“凯尔西，不要这么快就放弃。如果想留在弗格森，就要继续努力，向你认为有利于公司、客户和员工的方向做出改变。也许你会产生很大的影响力。”

“嗯，我会继续努力。很高兴见到您，穆雷先生，哦，我是说，丹，再次感谢您!”凯尔西边与丹握手边笑着说。

她走向停车场，再次决定要帮助史蒂文对本部门做出改进。但愿公司高层能够认同服务文化这一理念。但是，她一点儿也看不出高层们对愿景、价值观和服务文化的重视。他们似乎只关心销售、盈利和底线。最糟糕的是，他们好像一点儿也不明白这两方面的关联。

第二天在弗格森店上班的时候，凯尔西把休息室和会议室看了个遍，也没找到任何有关公司愿景和价值观的宣传标语。现在正处于返校前最忙的阶段，史蒂文也到卖场来帮忙。下午，凯尔西看史蒂文有空，便问起他。

“我们确实有公司愿景，但我记不清了。”史蒂文说：“好像是‘提供物美价廉优质商品的领导者’。”

凯尔西立刻和史蒂文讲起她在课上所学，即：创造服务愿景，建立服务文化，并激励员工牢记此观念。

“听起来很有道理。”史蒂文说：“如果我们有一个令人难忘的服务愿景，并将它贴在休息室，在每周例会时不断提起，那么员工在为顾客服务时就会把它牢记于心。”

他们又聊了几分钟直到有顾客走过来，凯尔西转过身向她问好。这时，史蒂文说："你要不要试着写一下服务愿景？我会在下次经理例会上与大家分享。"

太好了，她边走向顾客边想。我那么多嘴多舌干什么？这服务愿景怎么写啊？

那天下午在诊所，凯尔西正扶着祖母走向治疗室，这时爱丽丝说："凯尔西，你可以进来 下吗？我想告诉你这段时间如何在家帮她进行恢复。"

在走向走廊尽头的时候，凯尔西左顾右看，她简直不敢相信门框上方竟然挂着一条横幅，上面写着：

我们的服务愿景

对待病人如家人一般，帮助他们恢复健康

她们在治疗室坐好后，凯尔西说："我刚刚看到你们的服务愿景。这个愿景的确和你们的业务相符。昨天在客户服务课上，教授刚刚讲到服务愿景。"

"你在州立大学上课？别告诉我说你在上哈特利教授的课。"爱丽丝惊讶地问。

"是啊，您怎么知道？"

"因为我也修过极致服务这门课！它是我的一门必修课。

这个世界真小，或者说，这个城市可真小。”爱丽丝笑着说。

“太棒了！”凯尔西高兴地说：“亚历克斯说他从您这学到了很多。没想到我们有同一位老师！”

“通过这门课，我了解到打造服务文化的重要性。”爱丽丝说：“诊所成立之初，我把这一理念与团队分享，并共同建立了诊所的服务愿景。现在，在这里工作的每一位员工都清晰地了解我们的工作性质，并懂得要为顾客服务。我们尽力保证服务质量，并坚持顾客至上原则。”

“嗯，能感觉到你们每个人都牢记服务愿景并为之付出了行动。真希望能想出办法，在我工作的地方也创造出这样的氛围。”

“如果你愿意，有空我们可以多讨论讨论。”爱丽丝说：“我对服务充满激情。因为我相信，能否提供卓越的服务决定了一家公司的成败。我不是专家，但我把课上所学运用到诊所的经营上，并达到了理想效果。”

“太感谢了，我的确非常需要帮助。”凯尔西感激地说：“经理刚刚让我给店里写一个服务愿景，真不知如何下笔。”

“如果能得到领导层的认可那真是再好不过，这在大型组织里是不可或缺的。”

凯尔西非常高兴能够得到爱丽丝的指导，因为她将极致服务的所有要素都运用到诊所上，并取得了成功。这既可加深课上所学，又能得到现实工作中的秘诀，并将二者在弗格森店加以实践，简直没有比这更幸运的了！

祖母治疗结束后，凯尔西和爱丽丝约好周六早上在附近咖啡馆见面。

凯尔西订了比萨饼，从诊所回家的路上顺道去取一下。收银员正要划凯尔西的信用卡，这时经理走过来，说："瑞恩，今早是你切的香肠吗?"

收银员立马呆住了，他看着经理，说:"是的，怎么啦?"

"因为切肉机没清洗干净。"经理提高了嗓门，说："切完肉以后你需要清理切肉机!"

收银员和经理转过身背对着凯尔西，小声说着什么。很显然收银员受到批评了。凯尔西手拿比萨饼盒，可信用卡却一直攥在收银员手里。

几分钟过去了，没人理凯尔西，于是她说："不好意思。"此时，经理停止谈话并快步走回厨房。收银员转身面对凯尔西，一声不吭地完成付款。他的脸颊很红。凯尔西分不清是因为生气、尴尬，还是两者皆有。

凯尔西不敢相信这两位，特别是经理，竟然不和她道歉，让她干等在那里看他们戏剧般的对话，比萨饼都凉了。她决定不再责怪收银员什么。他今天已经被骂够了。

凯尔西周六早早地来到咖啡馆，并准备好要问爱丽丝的问题。在交谈中，凯尔西发现爱丽丝就如何打造服务文化这一问题所说的话和教授讲的一模一样，包括建立清晰的价值观。

“在诊所，我和团队一起决定我们的价值观是什么。第一条是诚信，第二条是优质服务，第三条是关系，最后一条是学习。”爱丽丝说道。

凯尔西问：“怎么才四条。我以为会有十条八条呢。”

“一个企业如果有太多价值观，员工只能专注于其中几点。核心价值观必须能够对行为产生真正的影响。其实最开始有十二条，后来我们意识到需要减到三四条。这有时是个艰难的决定，甚至为了留住我最喜欢的那条，也就是学习，我还和芭芭拉掰手腕一决胜负。结果，我赢了！”爱丽丝笑着说。

凯尔西叹了口气，说：“我们公司还要做出很大改进。我知道，如果弗格森的高层们意识到只需做出少许努力，就能通过打造服务文化把员工调动起来，他们会愿意做的。哈特利教授说过，需要从员工着手，因为他们是公司的内部客户。但我敢肯定，那些经理们从没这么想过。”

她告诉爱丽丝，ShopSmart 的丹・穆雷来课上讲演过。

“ShopSmart 懂得如何像对待顾客一样照顾自己的员工。真希望我们店也有这样的领导力。”凯尔西说：“穆雷先生让服务听起来既简单又有趣，很显然拥有服务文化是 ShopSmart 成功的重要因素之一。感觉我们店里只有我和经理史蒂文真正关心客户。”

“哈特利教授和穆雷先生是对的。”爱丽丝说：“建立服务文化需要先从内部着手。或许史蒂文可以在每次例会开始时先表扬一下帮助顾客或其他同事的员工。若想将重心放在服务顾客上，他需要先表扬自己人，也就是他的内部客户。继续和史帝文一道努力，并不断鼓励他，凯尔西，店里会因你而不同的。”

凯尔西边思考边点头，她看了下表，发现很快就要上班了。于是她起身与爱丽丝握手道别。

“爱丽丝，非常感谢您的建议。很高兴能得到您的指导。”凯尔西说。

“凯尔西，我忽然想起来一件事，你喜欢棒球吗？”

“是啊，我祖母也非常喜欢。”凯尔西说。

“太好了！明天是我们诊所在棒球场的‘团队日’。这是我们每年团队共建的活动之一。这里还有一些富余的票。如果你想见识一下无与伦比的服务文化，你和祖母明天又恰巧有时间的话，我想请你们来看棒球比赛。我们诊所的名字还会出现在大屏幕上呢。”

“多谢！听起来真不错！我明天正好不上班。”凯尔西说：“祖母一定会很高兴的。本赛季我们一场球都没看过呢。”

“几年前在建这个新球场时，他们实行了一整套客服方案，并为团队、球场以及所有员工设立了服务愿景和价值观。”爱丽丝说：“在这里服务文化非常明显，你甚至可以从每一位员工身上感受到他们的服务文化。”

她们随后确认了第二天见面的时间和地点。凯尔西很高兴能和祖母一起去看球赛。她开车前往弗格森店，浑身充满干劲，准备将更多的新想法付诸行动。

在店里开门营业之前，史蒂文把凯尔西和其他两位同事召集在一起。“本周店里有七名同事辞职了，其中两位是我们部门的帕特里克和艾米。现在管理层决定不再招新人入职。所以今天我们部门只有你们三位。我会在卖场尽可能帮忙。今天会很忙，大家要齐心合力，加油!”史蒂文佯装镇静，但显然，他压力很大。

凯尔西问：“他们会很快招人吗？什么时候能补上空缺?”

“我不知道。”史蒂文无可奈何地说：“实在抱歉，现在我们能做的就是把手头工作做好。”

正如史蒂文所料，一整天大家都很忙，结账的队伍很长，顾客们非常不耐烦。现在正值返校高峰，又赶上周六，这时候缺人干活可真是棘手。史蒂文、凯尔西和同事们非常努力为顾客服务，可顾客们怨声载道。

“难以相信周六下午他们只有这么几个人上班。”一个人在走过凯尔西时说道。

“ShopSmart 赶快开门吧，真等不及了。”另一个顾客说。

凯尔西周六忙了一天，幸好周日不用上班，可以轻松一下。她和祖母在棒球场入口与爱丽丝、亚历克斯及诊所的其他人员集合，准备入场。

在她们准备过安检的时候，其中一个保安看见祖母的大书包，便笑着对另一个保安说：“这个大包像是电影《欢乐满人间》里那个保姆仙女背的。我们要好好检查一下，说不定有只绵羊藏在里面呢。”

“只有这个包可以装得下我的棒球手套。”祖母边说边把手套拿出来，其中一位保安检查了一下包里。

另一位保安问：“您用那个手套接过几次四坏球啊？”

“零次，不过我今天准备试试。”祖母开玩笑说。

凯尔西不禁注意到保安们的风趣以及他们与祖母的温馨互动，而事实上他们在做一项非常严肃的工作，即确保球迷的安全。

找到她们的座位以后，祖母对棒球场接待员说：“真高兴今天来得早，能赶上看第一球。”

“一点儿都没错。”接待员笑着说：“我看您带了手套，您的座位可是接四坏球的绝佳位置，祝您好运！”

坐好后，爱丽丝对凯尔西说：“我非常喜欢棒球，尽量抽时间每周日都来看。这里的工作人员特别懂得如何照顾球迷，让他们觉得自己很受关心。”

凯尔西往球场看去，她注意计分板上挂着一条大大的横幅，上面是球场的标志，下面是标语：为您创造大联盟的美好回忆。

爱丽丝发现凯尔西在看横幅，便说："这里每位员工都把为粉丝创造美好而又难忘的经历作为自己的服务宗旨。"

"他们确实做到了。"凯尔西感叹地说。

在她们俩交谈时，一位穿着得体的男士走过来站在她们旁边。爱丽丝看见他，便笑着说："凯尔西、凯特，这是雷吉·安德森先生。他是棒球场运营部的头儿，也是我的好朋友。凯尔西，我和雷吉提过你正在学习客户服务，你该听他讲讲在球场成立之初他们是怎么建立起服务文化的。"

凯尔西点点头，说："我看到那边计分板上挂着你们的愿景宣言。"

雷吉笑着说："五年前刚球场刚开业的时候，我们希望这里的每个人，包括员工和观众，都明白我们的服务愿景和价值观。我们为全体员工提供客户服务培训，邀请他们提建议，还开设内部网站供员工反馈信息并庆祝他们的成功。"

"我们的服务愿景是为客人创造大联盟的美好回忆。我们希望，如果工作做得好，那么在球迷离开球场的时候，会想着下次带谁一起来这里看比赛。换句话说，就是他们在这里玩得很高兴，并希望与其他人一起分享。"

亚历克斯说："记得第一次我是同我哥哥和他两个儿子一

起来的，两个孩子一个八岁，另一个十岁。临走时，我其中一个侄子说：‘爸爸，下次我能带我的朋友马修一起来吗？他一定会很喜欢这里。’”

“这里的员工确实懂得如何帮助客人放松并乐在其中。”祖母说：“就连保安都知道如何为客人创造美好回忆。”

“谢谢。”雷吉说：“为了确保每个人都牢记球场的愿景和价值观，在第一场比赛结束观众走后，我们把每位员工，包括一线的和幕后的，都带到球场，把四垒跑了一遍。”

“这一定会让员工牢记于心。”祖母说。

“他们很高兴。”雷吉说：“这四垒反映了我们最重要的价值观。第一垒是安全，即我们的第一价值观。要是有哪位球迷被担架抬出球场，那可不能算是美好回忆了。”

“那当然！”祖母说。

“第二垒是服务，即我们的第二价值观。”

“那第三垒呢？”凯尔西问。

“有趣。”雷吉说：“这是我们一线的一名服务人员提出来的。她说：‘记得年轻时约会的场景吗？如果你觉得没意思，还会再和他约会吗？’”

“没错。”凯尔西笑起来：“你要觉得有意思，对方也一样会开心。”

“对。”雷吉说。“所以，作为客户服务提供者，包括保安，如果我们乐在其中，球迷们就更有可能玩得开心，并愿意再来。”

“那第四垒呢?”凯尔西问。

“成功，这是我们的第四价值观，就是要经营一家盈利并运作良好的组织。毕竟经营企业并不仅仅是为了开心。但是，既然第四价值观才是成功，我们不能因为要省钱而不顾人们的安全。同样，我们不会缩小团队规模，因为如果客户在需要帮助时找不到工作人员，就很难留下美好回忆。”

“你们的价值观排序真有意思。”凯尔西说。

“这个排序很重要，特别是当价值观之间产生冲突的时候。比如说，接待员正在帮你时突然听到旁边有人尖叫，而这叫声显然不是呐喊助威的声音，那么接待员就会立刻向尖叫声跑去，因为，安全是我们的第一价值观。”

“我懂了。”凯尔西说：“听起来很有道理。”

“这就是我叫你来这里看比赛的原因，凯尔西。”爱丽丝说：“他们的做法非常正确。事实上，雷吉告诉我，球场运营的第一个夏天，他们收到了 7 500 封电子邮件和信件，称赞其团队卓越的客户服务。”

“哇，怪不得呢。”凯尔西说。

谈话结束后，雷吉与他们道别离开。

凯尔西和祖母想在比赛开始前买些东西吃。亚历克斯也要买些吃的，便和凯尔西一同走到美食广场。“今天我是大家的私人热狗供应商。”他边笑边说。

凯尔西点了两个鸡肉沙拉和饮料，亚历克斯在另一个窗口给诊所的同事买了热狗和水。回到座位后，凯尔西打开其中一个包装袋，发现服务员拿错了。

“真倒霉!”她小声和祖母说：“我点的是鸡肉沙拉，他拿成牛肉的了。”她打开另一个包装袋，发现同样是牛肉的。“哎，真是的!”

亚历克斯看见了，对凯尔西说：“你把它拿回去，告诉点餐员他们给弄错了。他会给换的。”

“算了，就这么凑合吧。”凯尔西想起了之前在比萨店发生的那一幕，她可不想再找麻烦了。

亚历克斯站起来，说：“走，我和你一起去。让我们看看他们是不是像口号上说的那样对顾客热情周到。”

凯尔西很不情愿地和亚历克斯走回美食广场，和之前那位点餐员说：“抱歉，我点的是鸡肉沙拉，您给我的是牛肉的。”凯尔西把食物放在柜台上，小声说。

“该抱歉的是我。”那个年轻小伙儿说，他扫了一眼台上的沙拉，说：“我马上给您换成鸡肉沙拉。”

不到一分钟，他走回来，手里拿着鸡肉沙拉和另外两个小口袋，并将所有食品装进一个大袋子。

“我给您装了一份墨西哥薯片和蘸酱，是免费送您的。”

“谢谢！您不用这么做。”凯尔西说。

“这是应该的，实在抱歉麻烦您又跑了一趟。”

“看见没？我知道他们会让顾客满意的。”亚历克斯边说边和凯尔西走回座位。

路上，凯尔西看到过道墙上有一张棒球场的照片，球场的标志印在照片的正中央，下方是一条大标语，写着：“客户服务本垒打!”在每一垒上都印有一个单词。第一垒是安全，第二垒是服务，第三垒是有趣，本垒是成功。

“真酷。”凯尔西说：“他们把价值观排序列在这里让每个人都能看到。”

亚历克斯说：“他们非常重视服务。”

坐好后，凯尔西说：“爱丽丝，你说得对，这个地方真的很特别。”

比赛快结束时，爱丽丝说：“凯尔西，把你祖母的棒球手套举高，看这儿。”祖母连忙把手套递给凯尔西。

爱丽丝向站在过道上卖花生米的服务人员挥挥手，让他看见。虽然隔着七八排观众，服务人员还是从包里拿出一袋花生米，冲凯尔西扔过去，正好落在棒球手套上，力道不轻不重，刚刚好。大家都欢呼起来。

“嗨，今天没四坏球，花生米接得不错!”祖母笑着说。

凯尔西受到很大启发。当晚，她便上网搜索，查询服务愿景宣言的范例，并开始着手写弗格森店的服务愿景。她还准备了与史蒂文的谈话要点，并给他发了封电子邮件，提醒他别忘了明天在部门例会前有他们两人的单独会议。希望这次史蒂文别再爽约了。

周一早会前，凯尔西提前半小时来到会议室，史蒂文也很快走了进来。

“凯尔西，我需要一些好消息。”他边说边坐下来。“给我讲讲你最近学到些什么，或许我们能得到些正能量。”

“我想到了一些关于弗格森店服务愿景的好点子。”凯尔西说："我们需要假想一下员工如何与顾客沟通，并考虑一下什么样的服务可以吸引顾客再来光顾。我是这么想的：'每天，用货真价实的商品和全心全意的服务真诚地对待每位顾客。'您觉得怎么样？"

"嗯。"史蒂文把这句话抄在纸上，又再读了一遍："每天，用货真价实的商品和全心全意的服务真诚地对待每位顾客。"他抬头看着凯尔西，笑着说："太好了！我会带着它去参加下一次经理例会，并将它作为我们店新服务愿景的候选呈现给大家。一旦经理层通过，我们就把这个宣言贴在店里几个重要位置，这样员工在店里工作或休息时就能随时看到。"

凯尔西大受鼓舞，说："我们还可以把宣言挂在店门口让顾客看到。"她又和史蒂文提到周末在棒球场的所见所闻。

史蒂文思维也变得活跃起来，说："这主意也很好。我们还可以在员工休息室挂几条横幅，写上'弗格森因你而不同'，或是'你是弗格森的第一重点'，如何？"

凯尔西有些犹豫，说："这样做唯一的问题就是高管们必须要以实际行动支持这些宣言。对于员工来说，如果领导们不能说到做到，那么这些就是空话。"

"哎，"史蒂文说："你说的没错。领导们要言行一致才行。”

“服务愿景宣言也一样。我们需要在每周例会时鼓励大家讨论服务愿景的意义，这样才能让每个人都将它牢记于心。我们需要一直将重点放在顾客身上，并且公司上下每位员工都有责任去履行该愿景和价值观。说起价值观，您能在下次经理例会上问问弗格森是否有价值观列表吗?”

“要是没有可太不应该了。”史蒂文说：“但我从来没听任何人提起过。”

之后，虽然凯尔西不太确定是否该说，她还是向史蒂文提起 ShopSmart 的丹·穆雷在课上的讲话以及给她留下的印象。

史蒂文神情严肃，说：“我听说过丹·穆雷，他是 ShopSmart 成功的重要因素之一。难怪店长对 ShopSmart 在我们旁边开分店的事这么紧张。那些人可是会说到做到的。”

“很显然他知道自己在说什么。”凯尔西说：“而且听起来那么简单。当我提到弗格森时，他给了我很多好建议，对我帮助很大。”

史蒂文看起来不太自在，说：“你没有透露任何店里的商业秘密吧。”他尴尬地笑了笑。

“真不明白我们那些高管怎么想的，就想着降低成本，而不知道要多花些时间和精力提高服务。”凯尔西说：“而且现在竟然不再雇新员工？头儿，我知道我不是经理，但是 ShopSmart 马上就要开张了，这正是关键时刻，领导们却决定不再招聘新员工，真是糟糕透顶!”

“凯尔西，我有个想法。我要你把所学到的全部写下来。我们俩一起为高管准备一份汇报，不光讨论服务愿景，而是一整套行动来提升客户服务。弗格森是时候要和 ShopSmart 好好比一比了。首先我们要效仿一下他们的服务文化。”

“太棒了，我愿效犬马之劳。”凯尔西兴奋地说。

史蒂文从座位上站起来，说：“要知道，我已经当了五年经理了，可你谈到的这些客户服务理念还是头一次听说。你的激情非常有感染力。你有这么积极的态度和决心，相信一定能在公司有很大发展。”

等到真能实现的那一天再这么说也不迟，凯尔西想。不过，她只是笑笑，说：“谢谢。”

第七章

专　注

“记住：对客户专注不仅是了解每位客户及其个人喜好，还要注意你给他们留下的印象。”

周二早上，在哈特利教授的课上，凯尔西饶有兴趣地看着大屏幕：

I——Ideal Service 理想服务

C——Culture of Service 服务文化

A——Attentiveness 专注

R——

E——

教授说："一个组织一旦确立了其服务愿景，下一步就是明确自己的服务对象及其所需。"他轻敲键盘，屏幕上出现下一页幻灯片。

专注

了解客户及其喜好

"现在，我要每位同学列个清单，写下你所在公司的所有客户类型，限时六分钟。”

凯尔西迅速写下她能想到的弗格森的所有客户类型。她的清单包括：

- 父母：子女的学习用具和服装
- 青少年：高中或大学所需物品、服装、电子产品或运动用品
- 成人：服装、电子产品、办公用品或运动用品
- 不同收入阶层的顾客

教授边在教室里走动边说：“在你看这份清单的时候，思考这样一个问题：这些顾客是否有着同样的喜好和需求？或者说，你是否对所有顾客都一个样？”

他正好走到凯尔西旁边，瞥了眼她的单子，问：“凯尔西，你把青少年和为子女购物的父母分为两类。那么你接待他们的方式一样吗？”

“很不一样。”凯尔西答道：“我是说，我对家长和青少年都很尊敬客气，但是同他们说话的语气和内容不大一样。”

“为什么会有所不同呢？”

“为青少年服务时，我会想到在他们那个年纪时我的喜好，这样能更好地和他们沟通。为家长服务时，我会为他们着想，

考虑孩子上学需要的物品并提出建议。如果他们已经知道该买什么，我会尽快帮他们找到商品，因为他们的日程比青少年安排得更紧。”

“这个例子很棒，谢谢。”哈特利教授说：“刚才凯尔西的回答，不管她本人有没有意识到，就是很多成功企业的做法，以便更好地了解客户。这叫作客户分析。客户分析能够帮助企业了解其服务对象的不同种类，以及他们的具体喜好。这样，他们可以确保满足每个顾客的个人需求，同时可以不断提高其服务水平。”

教授让大家打开教科书，翻到“客户分析提问”这一页。

“我们来做个练习题。现在，请你们花些时间完成以下问题，这里的客户既包括内部客户，也包括外部客户。记住，内部客户是指你工作单位中的其他同事或其他部门，你或你所在部门会为他们提供服务。比如：为其他部门填写库存清单，或是报销。挑选一个部门或同事，并依此回答以下问题。

“做完这项练习后，再套用外部客户重新回答一遍所有问题。你会发现，这需要去思考该客户对你的需求、你通常的反应，以及如何可以超出他们的预期。你如何做来激发其忠诚度？你如何衡量是否成功？现在回到刚才写的清单，挑一种客户类型并回答这些问题。”

凯尔西一边写，一边发觉把其他部门同事——比如在珠宝部工作的好朋友瑞秋——当作客户，是很有意思的事。她之前从没这么想过。在写到外部客户部分时，她发现针对不同类型的客户答案完全不同。

“现在大家都写的差不多了，请在班上选一位同学，并互相分享一下你们的回答。这需要花几分钟时间，但你会发现每个人的客户种类都五花八门。”

学生开始分组讨论。凯尔西转向她旁边的同学汉克，他是位中年男子，几年前刚刚退役，现在在家附近开了个小酒吧。

“我刚才已经发言了，你来说吧。”凯尔西说。

“没问题。”汉克说：“有个顾客叫马克，他每周都会在下班后来两三次，并且总是坐在吧台上。至于马克对我的需求，一般就是啤酒，呵呵。”汉克笑笑，看了眼书上的一个问题。凯尔西微笑着，想：汉克一定很喜欢他的工作。

“我通常的反应就是给他一瓶啤酒听他抱怨工作。至于如何超越他们的预期？我确保记住并叫出他的名字——马克，给他一瓶冰镇啤酒和杯垫。有一次他点了爆米花，所以现在他一走进来我就把一碗爆米花放在吧台上。我能教他什么？估计我能教他店里不同种类的啤酒，因为他总是点那一种。或许我可以每次给他一点儿其他品种的啤酒尝尝。他会喜欢的。”汉克又看了一眼书，说：“衡量成功的标准嘛，就是马克每周都来两三次，有时还带朋友一起来。昨天，他甚至说在下次比赛以后会带他们保龄球队一起来。”

“那其他顾客和马克一样吗?”凯尔西问。

“不一样。”汉克说：“比如，有一对年轻人，他们有时会周六下午来。他们总是坐在酒吧的一个角落里，带着笔记本电脑。我猜可能是作家。他们喜欢我这儿有 Wi-Fi，通常会点杯红酒坐上几个小时。比起爆米花，他们更喜欢苏打饼干。所以我每次都给他们些苏打饼干。”

当大部分同学说完时，教授说：“记住：对客户专注不仅是了解每位客户及其个人喜好，还要注意你给他们留下的印象。你们或许听过第一印象的重要性。”

听到这，凯尔西仿佛听到她妈妈说：“你没有第二次机会去重塑留给别人的第一印象。”

“有趣的是，研究显示，事实上你留给别人的最后印象才是影响整体体验的关键因素。在一次交易中，如果从一开始你的表现一直都很好，但就在最后与客户互动时让他感觉不好，那么客户会抹去之前所有的愉快记忆，觉得整个经历都很差劲。”

凯尔西立马想起了那家美发店。开始她对这家店印象真的很好，但是几分钟后她便走了出来，并决定不再去第二次了。

“本周的作业就是，上网找到两家做客户分析的企业，研究他们是如何利用这些信息去更好地提供个性化服务的，写一篇长度为两页纸的文章并在课前交给我。还有，大家有兴趣的话，本周可以在接受服务时注意并比较一下你对该服务的第一印象和最后印象，并想想哪个印象决定了你的体验感。”

因为亚历克斯来晚了，芭芭拉想在凯尔西和祖母等候时提供些茶点。她说：“我们有咖啡、茶、碳酸饮料、水，您想要哪种？”

“要不麻烦的话我想来杯茶。”祖母说。

“不麻烦。您挑一种吧。”芭芭拉打开一个精致的盒子，里面摆放了十种不同的茶包。

“嗯……绿茶好了，谢谢。”祖母选了一下，说。

“没问题，请稍等几分钟。凯尔西，你要什么？我发现你经常会带瓶水。给你来瓶水怎么样？”

“太好了，谢谢！今天出来比较匆忙，忘带了。”

芭芭拉几分钟后走了回来，端着用精致茶具盛放的茶水和一瓶冰镇矿泉水。

“亚历克斯应该五分钟左右就到了。今天临时修路，耽误了时间，实在抱歉。”

祖母转向凯尔西，说：“有这杯热茶在手，我不介意多等几分钟。这茶杯可真漂亮，还是陶瓷的。”

前台和凯尔西对笑了一下。凯尔西很惊讶这家小小的诊所竟然连如何能让一位 80 多岁的老太太开心这样的小事都如此上心。

“女士们，抱歉久等了。”几分钟后，亚历克斯一边跑进诊所一边说。他伸手接过祖母的茶杯，说：“我帮您拿着茶，咱们到诊疗室去吧。”他转向凯尔西，笑着说：“凯尔西，你怎么样？还在回忆接到花生米的那一幕吗？”

“那真是太有意思了。”凯尔西笑了。

最近几天弗格森店气氛异常紧张。高管们不是在大卖场给员工下达命令就是在开会。凯尔西想可能是因为 ShopSmart 马上就要开门营业了，所以领导们格外焦虑。她试着在店里不太忙的时候找史蒂文谈谈，但他总是在忙别的事情顾不上凯尔西，他甚至连两人每周的碰头会也取消了。

周一早间部门例会上，凯尔西明白了史蒂文为什么这么紧张。

“今天店里会迎来一位客人，”史蒂文说：“弗格森运营部副总裁艾瑞克·格拉奇先生，他将到每个部门走一遍，并与部门经理们开会。大家知道，最近销售业绩平平，而顾客抱怨越来越多，所以总部派大人物下来看看到底是怎么回事。ShopSmart 就要在附近开业了，总部对我们分店的销售业绩非常担心。好消息是，我们家庭和办公用品部是全店唯一销售额增长并且没有任何客户投诉的部门！”

说到这，史蒂文鼓起掌来，大家也纷纷鼓掌并一脸笑容。

“这掌声献给在座的每一位，大家都做得非常好。我知道，你们都很努力工作而且非常重视团队合作。这真是难得，特别是在人手短缺的情况下。而且我注意到，大家的服务态度在过去几周有了很大改进。今天我们就在格拉奇先生面前好好露一手。我大部分时间都会在大卖场帮忙。大家要确保货架上货品整齐充足，并且每个人都戴好胸牌。”

在会议结束大家离席时，凯尔西听到罗德和达拉的对话。

罗德说："史蒂文对我们很用心，他注意到我们工作中的努力，还表扬了我们，这感觉真是太好了。"

"是啊，史蒂文真不错。可是上周一个店长助理把我狠狠骂了一顿，就因为货品没摆放整齐。"达拉说。

"伙伴们，"凯尔西加入了对话，说："我们今天要竭尽所能给顾客留下好印象。或许高管们和格拉奇先生能注意到呢。"

罗德和达拉觉得凯尔西说得没错。上周，凯尔西听到史蒂文表扬罗德工作比从前更加积极，对顾客也更加友善。虽然他们部门员工的努力还没得到店里高管们的表扬，但是史蒂文的关心已经令他们的工作态度有了很大提高。

午餐前，格拉奇先生走进凯尔西所在的部门，所有高管们都紧跟其后，让大家一眼就能猜到谁是这个大人物。每个人都表情严肃。其中的一位经理将他介绍给了史蒂文。

"格拉奇先生，很高兴见到您。"史蒂文说，接着，他转向团队，说："请准许我介绍我们部门员工，这是达拉、罗德和凯尔西。"

当提到名字时，每个人都微笑并向格拉奇问好。罗德和凯尔西还与他握了手。

"你好。"格拉奇先生冷冷地说。

“我们部门的销售额比预期增加了四个百分点。并且，本季度我们部门没有收到任何投诉。”史蒂文骄傲地说：“此外，我们还收到了一封写给凯尔西的表扬信，感谢她的杰出服务。”

凯尔西自信地笑了笑。格拉奇先生表情非常严肃，他把手指指向凯尔西、罗德和达拉，说：“你们知道，ShopSmart 的办公和家庭用品部门非常受欢迎。我们不能失掉任何顾客，一个也不行。都记住了。”他突然转身走向其他部门，经理们紧跟其后。

“这话真是给人打气啊。”格拉奇先生走后罗德讽刺地说。

“真激励人啊。”达拉开玩笑地说。

凯尔西忍不住比较格拉奇和穆雷有多么不同。她仍对穆雷在课上的讲话记忆犹新。他们的头衔都是运营部副总裁，可领导方式却大相径庭。她敢肯定穆雷先生一定会想法表扬每位员工。而格拉奇先生的行为真是太不友善了，甚至有些吓人。这样的领导怎么能激励员工呢？凯尔西想。

第八章
回应能力

“如果你能亲切地为他们解决问题，70%的满意客户还会再光顾你的生意。如果你能既亲切又正中要害地解决问题，那么这个数字将上升到95%。”

周二早上，凯尔西提前几分钟走进教室。她想在其他同学来之前和教授单独聊聊。教授正坐在讲台前看着电脑。

“嗨，凯尔西。你今天这么早就来啦。”教授站起来。

凯尔西说：“早上好，教授。我想在课前向您请教些问题。您和穆雷先生熟吗？我记得您说曾经和他一起共事，对吧？”

“没错，我们上大学的时候曾一起打工，不过我们早就认识了。”教授说：“实际上他和我一起在中西部长大，是老朋友了。你问这干什么？”

“昨天在班上，弗格森的运营副总裁来视察工作。他和穆雷先生的头衔一样，风格却大相径庭。格拉奇先生态度强硬，而且对下属冷冰冰的。他甚至对我们取得的成绩视而不见。穆雷先生看起来却是态度积极并且平易近人，他对员工一向如此吗？”

“当然。记得我在学期开始的第一堂课说过的话吗？”

凯尔西想了一下，说："您是指有关'关系'的那段？"

"没错。就是如何对待别人让他们觉得自己有价值。这里的别人是指内部客户。你觉得格拉奇先生不在乎你和你的同事，也不感谢你们在工作上做出的努力。而丹懂得有必要去肯定员工的工作并称赞他们的努力。如果员工得到鼓励和肯定，他们会将这种积极态度传递给顾客们。"

凯尔西站在那里，若有所思。

"凯尔西，你想过跳槽去 ShopSmart 吗？你的价值观很适合在那里工作。如果需要，我愿意帮你和丹说一下。"教授似乎看穿了她的心思。凯尔西吃了一惊，但她还没准备好跳槽。

"谢谢您，哈特利教授。我会好好考虑的。"

这时，一些同学边说边笑地走进了教室。

"没问题，凯尔西。需要帮忙就和我说。"

上课后，哈特利教授开始回顾几周来的学习要点，包括 ICARE 模式的前三个部分，即理想服务、服务文化、专注的定义。

"现在是讨论时间。"教授说："哪位愿意和我们分享一下优秀服务的例子？内容涵盖 ICARE 模式的任何要点都可以。"

坐在教室后排的一位女士举起了手。

“谢谢，康尼，请起立。”

康尼站起来，她看上去有些不太自然。“几周前，我点了一些外卖准备带回家当晚餐。在饭馆等候时，我接到一个电话。虽然我声音很小，饭馆的前台还是能看出这通电话让我很不高兴。挂断后，她看着我，很认真地说：‘难熬的一天?’我回答说是。过一会儿菜做好了，她递过来，并看着我的眼睛，说：‘希望您有一个特别棒的周末。’这事情虽然很小，但我感到了她是真的很关心我。因为她，我竟然感觉好多了。”

“谢谢，康尼。”教授转身对着全班说：“作为一名服务提供者，有时简单几句话或几个手势就可以让顾客感受到你对他们像对朋友一样关心，而不仅仅是把他们当作陌生的顾客。这种沟通可以迅速建立客户忠诚度。”

“由此，我们来看 ICARE 模式的下一个要素。”他轻敲键盘，大屏幕上出现以下内容：

I——Ideal Service 理想服务

C——Culture of Service 服务文化

A——Attentiveness 专注

R——Responsiveness 回应能力

E——

“对客户做出迅速回应与关注他们的需求和喜好密切相关。”教授边说边敲击电脑键盘，屏幕上出现下一张幻灯片：

回应能力

在满足客户需求时展现出真诚的服务态度

“请大家回忆一下，你作为客户时，是否有时会感到服务提供者全身心地为你服务。写下这个人所做的每一件事，是什么让你觉得他在真诚地为你服务，并希望满足或超越你的期望。”

教授给同学们几分钟时间写下答案，然后是发言时间。

“他聆听我的顾虑和需求。”

“她立刻解决我的问题。”

“她让我觉得她很关心我，好像她是我的朋友。”

“这些例子都很好。”教授说：“做一个好的倾听者、处理复杂问题、关心客户都是回应能力的一部分。”

“现在，请回忆一下你身边的人，谁是一位好的倾听者。为什么你认为他们是好的倾听者。”

凯尔西立刻想到了祖母。小时候，每年暑假她都会在祖母家待上一个月。祖母很会提问，让凯尔西愿意和她分享学校和同学的故事。祖母有时会说：“听起来真有意思。”这样凯尔西就知道祖母在听她讲话。那种感觉总让凯尔西觉得很特别。她意识到祖母现在还是这么做的，询问她的功课、学校和朋友，而且总在认真地听她说话。祖母看起来依旧对凯尔西生活中的每件事都充满兴趣。

凯尔西的思绪又回到课堂，她听到了同学们的回答：

“他边听边提问题。”

“她看着我的眼睛，并时不时聊两句。”

“好了，相信大家都明白了。”哈特利教授说：“要想尽快对客户做出回应，需要仔细倾听他们的需求。如果客户心情不好，你要保持积极的态度，去倾听，并让客户感到你在倾听。或者，你可以问些开放式问题，让客户参与讨论，以此得到更多的信息从而更好地了解他们的状况。

“客户与你谈话时，你可以不说话，而是点头表示你在聆听。或是重复表达客户的意思和他们的感觉，让人家觉得你在认真听他们讲话。如果他们心情不好，你要表示对他们的同情，如果恰当的话，还可以表示抱歉。

“当你觉得已经获得足够信息，并且让客户感到你在倾听后，向客户提供帮助。可能的话，给客户几个选择。越了解客户，你越知道该如何回应他。

“大多数不高兴的客户其实只是希望把问题解决掉。牢记，问题是所发生的状况，而不是客户本身。你的工作就是尽快找到解决方案，这是给客户留下正面印象的关键。数据显示，如果你能亲切地为他们解决问题，70％的满意客户还会再光顾你的生意。如果你能既亲切又正中要害地解决问题，那么这个数字将上升到95％。

“当花时间去倾听时，你应表现出对客户们的关心。看着他们的眼睛，保持微笑，真诚地关注客户及其想法，将回应能力付诸行动。”

“祖母，我到家啦。”凯尔西边关大门边说。

“我在这儿呢，孩子。”祖母在客厅喊道。“猜猜我今天收到了一封什么信？”

凯尔西走进客厅，看见祖母正举着一张卡片。“真不敢相信诊所送了我一张生日贺卡。他们怎么能知道我这周过生日啊？”

“他们真好。”凯尔西说：“他们怎么知道的啊？”

“天晓得。不过这真是个惊喜。”祖母说。

凯尔西立马想到在诊所建档时，她填写了祖母的出生信息。诊所给病人送生日贺卡这件事显然远远超出了客户的期望，这真是诊所将关系这一价值观完美体现的好例子。

因为史蒂文将他们周一的碰头会取消了，凯尔西决定在周三趁他有空时，聊聊他将在高管会上提出的服务倡议。她做了个小册子，总结了目前为止课上所学的所有要点。她还想了很多史蒂文在会上的讲话重点。午饭前，凯尔西终于见到了史蒂文。

“史蒂文，您现在有时间谈谈那个服务倡议演讲吗？我想得到您的……”

“凯尔西，”史蒂文打断了她的话：“我知道我们很久没有聊聊了，但是非常抱歉，今天不行。我今天一下午都是会。”他低头看了下表，说：“事实上我已经晚了。下次有时间再说吧。”

说完他就走了。正如他所说的，凯尔西在下班前都没再看见他。

凯尔西觉得很失望，又是一天过去了，却毫无进展。她不了解公司到底发生了什么状况，只知道现在弗格森店的士气已经跌到谷底了。

在祖母和凯尔西走进诊疗室坐好后，爱丽丝便把她的注意力集中在了祖母身上。亚历克斯也走了进来。“在亚历克斯开始今天的治疗之前，我希望花几分钟时间和您聊聊，您感觉手腕恢复得怎么样？”

之后的10分钟，爱丽丝问了几个问题，并仔细倾听祖母的回答，有时还做些记录。她有时会插几句，但大多数时间只是倾听祖母讲话。祖母仔细描述她手腕今天的感受，以及与过去几周感觉的不同，并且说诊疗期间在家的练习对手腕的恢复帮助很大。爱丽丝很耐心地倾听祖母抱怨不能用双手去种花、缝被套或干其他活动有多难过。凯尔西看在眼里，想：和我相比，爱丽丝显得对祖母更加耐心。

谈话结束时，爱丽丝说：“好的，凯特，根据对你过去几周治疗的观察和你刚刚的描述，我认为你的治疗和在家的复健练习配合得很好。我准备调整一下治疗计划，争取在今后的一到两周去掉护腕。怎么样？”

“那太好了。”祖母说：“非常感谢你倾听我的顾虑。很高兴你没把我当成个不中用的老太太。在整个治疗过程中，你让我觉得自己是你的搭档，而不是病人。”

“您当然是我们的搭档，其实大部分工作都是您完成的。”

亚历克斯笑着说。

“倾听病人讲话是我们工作的一部分。”爱丽丝说：“如果我们不知道病人的想法和感受，就不能进行有效的治疗。”她站起来，说：“现在亚历克斯会指导您做一些新的练习。我先出去了。”

凯尔西决定今天留下来观察他们的治疗。她喜欢看祖母与亚历克斯和爱丽丝的互动。他们对她非常耐心友善，虽然有些动作并不舒服，但祖母还是开心地完成了。随着亚历克斯对祖母越来越了解，现在在做一些较难的练习时，他会聊一些祖母喜欢的话题，以分散她的注意力。

治疗结束后，在回家的路上，祖母说：“爱丽丝和亚历克斯真有一套。他们希望了解我的感受和想法，并愿意花时间听我讲话，这让我感到很特别，好像我是他们唯一的病人似的。”

“这叫回应能力，我在课上刚刚学到这项。”凯尔西说：“记得我和您提过的 ICARE 模式吗？爱丽丝和亚历克斯的做法让您感到很受关心。更棒的是，您手腕的恢复要比预期的快！”

“你干吗不告诉我咱们去哪儿？”祖母问。凯尔西让祖母在周末早九点准备好，她们现在正往城里开。

“因为这是给您的生日惊喜。”凯尔西狡猾地笑了一下。

凯尔西把车开到一条不常去的大街，祖母看见一个大标识，开心地尖叫起来：“哦，凯尔西，我已经很多年没来动物园了。这个生日礼物太棒啦!”

“我已经提前把观光巴士的票买好了。”凯尔西说：“这样我们不用走太多路，还可以看见所有的动物。”

她们到达动物园，停好车，走到观光巴士站台。快到巴士旁时，一位男士走过来伸手迎接祖母，他梳着整齐的八字胡，身穿制服，打着领结，头戴贝雷帽，看上去非常轻松快活。

“女士们，早上好。我来帮您一把。”他说。祖母扶着他的手，走上车，坐在前排露天靠窗的座位。凯尔西挨着祖母坐在靠过道的位置。一对中年夫妇坐到她们斜对面，就在驾驶座后面的位置。

那个中年妇女对她丈夫说：“老公，你应该让我坐在靠窗的位置。”

男人立马起身，挪到过道上，等他妻子坐到靠窗座位后再坐下。这时候更多的乘客上了车，车中一半的座位坐上了乘客。

“他们怎么搞的，把座椅弄得这么不舒服。”女人向她老公抱怨道。这时，梳着八字胡的男人走上来坐到驾驶座上。

“一定会很好玩儿！”祖母轻轻捏了下凯尔西的手，说。祖母向来对礼物很挑剔，凯尔西不禁庆幸这回选对了。

司机把巴士开出站台，打开麦克风，开始讲话。

“大家早上好！希望大家今天在动物园玩得愉快！我今早已经和所有动物打过招呼了，它们保证会用最佳表现迎接大家，而且在巴士停好后，它们会摆好姿势让大家照相。唯一一位有些小脾气的是麝牛，所以我就不和它吵了。”他笑着说：“你们可不想上它的黑名单！”乘客们也笑了起来。

刚才向老公抱怨的女士凑近司机说：“希望你不会一直开这么快，感觉我脖子都快扭到了。”

司机关上麦克风，说：“实在对不起，女士。从现在起，我会注意开车速度。绝大多数时间我会开得很慢，这样可以方便大家拍照。有时我真是迫不及待地想让大家尽快看到动物们。抱歉。”他又打开麦克风，说：“大家注意，我们马上就要到孔雀和火烈鸟区了。不知道孔雀会不会开屏给大家看。它告诉我它会。”

凯尔西很惊讶司机一点儿也不介意那位女士的指责。在观光过程中，她发现司机不仅对上百种动物都了如指掌，而且还能一一解答乘客的提问。与大家互动时，他态度活泼，而且不会落下任何一个景点。凯尔西想，他一定很热爱自己的工作。

过了一会儿，当巴士停下，趁祖母转身给长颈鹿和斑马拍照时，凯尔西凑近司机，告诉他今天是祖母的生日。直觉告诉她，司机会为老寿星准备些特别的礼物。

几分钟后，巴士停在了熊山附近。棕熊走近巴士，隔着深壕坐下摆好姿势等大家拍照。司机说："这只熊叫'一招鲜'，大家猜猜为什么他叫这个名字?"

"因为他只会一项绝招。"一些乘客喊道。大家笑起来。

司机对棕熊说："嘿，'一招鲜'。咱们这儿今天有个女孩儿过生日，她叫凯特。"祖母吃了一惊。

"让我们大家一起向"一招鲜"挥挥手，看看它能不能向凯特挥手庆祝。嗨，'一招鲜'!"司机开始挥手，很快车上的每位乘客都挥起手来。很快，棕熊抬起双掌，向乘客点头作揖。凯尔西和其他乘客赶紧拍照。

祖母非常开心，说："真是太棒了。"她对司机说："谢谢你安排这样特别的生日礼物。你怎么知道我生日的?"

"一只小鸟飞过来悄悄告诉我的。"司机向凯尔西眨眨眼，并启动了巴士。

大家一路都非常愉快。下车时，凯尔西再次向司机致谢。

“您这份工作干了多久啦?”她问。

司机一边伸手帮助下一位乘客下车，一边笑着答道：“截止到上个月，已经 13 年了。这是我干过的最好的工作。”

“看得出来您很喜欢自己的工作。”凯尔西说：“您能这么好地和乘客互动，而且一点也不介意那些爱发脾气的客人。”

“哈哈。”司机笑了，说：“就像麝牛一样，最好别和他们争吵。仔细听他们所说的话，尽量满足他们的需求，不要和他们对立。我只是试着让大家感到我很关心他们。这样大家都会开心一些。”

这时，坐在驾驶座后面的女士走下车，冲司机笑着说：“谢谢。”

司机笑着回应她，说：“不客气，女士。”他轻挑了下眉毛，冲凯尔西笑了笑。

祖母和凯尔西又去鸟类馆和宠物乐园玩了会就回家了。这一天她们过得非常愉快。特别是巴士司机对乘客的关心给她们留下了美好而又深刻的印象。

凯尔西度过了一个漫长而又充满挑战的周一。史蒂文没来参加二人的碰头会，他甚至把部门每周例会也一起取消了。这还是头一回。凯尔西觉得肯定是出了大事，但她猜不出到底发生了什么事。

当天下午，就在凯尔西下班之前，她看到同事罗德正在和一位顾客交谈，顾客手里举着一个大大的台灯。

“女士，对不起。我们现在不再做价格匹配了。”罗德说：“店里规定刚刚做了调整。实在抱歉。”

“太糟糕了。”那位顾客说：“我很想买一个这样的台灯放在办公室。你这里卖 50 元，灯具世界那家店才卖 40 元。我记得你们可以做价格匹配，这样就不用开那么远去他们那儿买了。看来我还得去一趟。最烦商店改政策却不提前通知顾客了。”她费劲地把台灯搬回货架。

“我完全了解您的无奈。”罗德同情地说。他停顿了一下，又说：“灯具世界是在城那头的大型仓储式商店吗？”

“没错，他们那里的灯样式很多，而且价格比你们低。”顾客说。

“如果您不介意的话，我想问一下，在他们那里灯座和灯罩的价格是不是分开算的？”

“是啊，所以你可以分别挑选灯座和灯罩。”顾客说：“你想说什么？”

“40 元是灯座加上灯罩的价格吗？还是只是灯座的价格？”

顾客想了一会儿，说：“嗯，我想可能只是灯座的价格。他们那里灯罩卖 20 元。那加起来就是 60 元了。”

罗德愉快地笑起来，指指那台灯，说：“我们的价格是包括灯罩在内的。您觉得这个灯座和灯罩的搭配如何？”

“实际上我挺喜欢这个灯罩的，款式很不错。”顾客开心地笑着，说：“这么算起来，弗格森店还便宜 10 元钱呢。”

“没错。”罗德边说边把台灯搬下来：“您要是已经买完其他东西的话，我可以和您一起去结账，然后帮您把台灯搬到车上。”

他们向结账台走去，凯尔西听到一路上顾客和罗德有说有笑。凯尔西很是惊讶，不光是因为罗德肯耐心倾听顾客的想法并解决问题令顾客满意，而且他竟然对其他店的价格政策了如指掌。短短几个月，他的服务态度就发生了 180 度大转变。凯尔西在想罗德的转变也许和最近她传递给部门的新的服务理念有关。凯尔西想，我必须把这件事告诉史蒂文，这样他可以在下周一例会上和大家分享。这就是我所见到的回应能力。

晚上和祖母从诊所回来后，凯尔西觉得又累又困，她只想赶快吃饭，然后上床睡觉。不幸的是，她还要写一篇文章，明天上课时要交。吃过晚饭，她强迫自己回屋学习。而祖母则在客厅看电影。

凯尔西刚刚打开教科书，手机震动起来，原来是收到一条短信。她不认识这个手机号码，但是短信写道：嗨，凯尔西，我是史蒂文。不好意思打扰了，你有时间聊几句吗？

凯尔西很好奇经理为什么要在周一晚上和她谈话，就回了一句：没问题。

很快手机铃声响了起来。

“您好！”

“嗨，凯尔西。不好意思打扰了。”

“没关系。我正在学习。您有什么事？”

“首先，我要向你道歉。上周三只短短聊了几句我就打断了你，实在不好意思。店里最近事情很多。我要赶着去开会只好打断了你，真是不应该。最近实在太忙都没有时间听你讲在课上学了什么。我想说，你是名非常优秀的员工，很庆幸你能在我们部门工作。”

凯尔西不知该如何回答，她没想到史蒂文会向她道歉。

“史蒂文，谢谢您给我打电话。我知道现在店里事情很多，不过等您什么时候有时间，我想和您分享一些心得，可以帮助我们更好地制定服务倡议。如果您愿意，我们现在就可以谈谈。”她轻敲电脑，打开存有课上笔记的文件夹。

“这是我给你打电话的另一个原因。”他说：“实在抱歉，但是我想你不需要再花时间制定服务倡议了。我今天和店长说起我们在做这份计划，他否定了我们的想法，还说现在的重点是增加销售额并降低成本。他们根本不明白培养客户忠诚度的重要性，只是一味地追求数字。”

凯尔西默默地沉思起来。

“我对他们非常失望，凯尔西，特别是你在这上面已经花了这么多时间和精力了。”

“不光是我一个人，而是我们两个人的共同努力。”凯尔西说。

“无论如何，请不要气馁。我非常感谢你的工作激情和你提出的建议，并且，我希望你能继续与团队和我分享你的想法。这样不管其他部门发生了什么，至少我们仍然能积极向上。情况总有一天会好转的，或许我们那时候可以再试一试。”

“感谢您对我的信任。”凯尔西沮丧地说：“我想现在能做的就是好好完成本职工作，静观事态发展。”

凯尔西很受打击。挂了电话后，她花了好一段时间恢复平静，重新打开教科书。她感谢史蒂文给她致电并道歉。他真是个好人，也是个好领导。凯尔西想，他应该去更好的地方工作，或许我也一样，我在学习仔细聆听的好处，可店里的领导们没一个愿意听听这些常识。多么讽刺啊。凯尔西和史蒂文都明白弗格森店在走向歧途，可是决策层们却似乎无动于衷。

她强迫自己集中精神写完作业，然后她又有了一些新的想法并把它们记录了下来。凯尔西打算早上给爱丽丝打个电话看看什么时候可以碰一下面，她觉得自己需要听听其他人的建议。

第九章

赋　权

“一线员工得到的赋权越多，外部客户就会越高兴，因为他们的需求会更容易得到满足。给员工赋权，最终的受益方将是客户。”

凯尔西来到教室坐好，这时哈特利教授走了进来，站在讲台前。

“大家早上好，我们先做个小测验，看看大家过去几周学得如何。”教授喜欢用测验的形式帮助大家回顾知识要点。凯尔西把所学过的内容都牢记于心，并与现实工作和生活联系了起来。她甚至觉得自己都可以教这门课了。

测验结束后，教授打开电脑，问：“你们准备好学习 ICARE 模式的最后一个字母的含义了吗?”他轻敲键盘，大屏幕上出现以下内容：

I——Ideal Service 理想服务

C——Culture of Service 服务文化

A——Attentiveness 专注

R——Responsiveness 回应能力

E——Empowerment 赋权

“在工作中，你对某些事情拥有绝对控制权。比如，你可以更多地了解某件产品，对顾客更关心，掌握自己的表现。另外，在工作中，虽然有些事情超出你的控制范围，你却可以对它产生更大的影响力，例如：你的决策权、领导对你的信任或者领导是否会听取你的意见反馈。所有这些事都归在‘赋权’这一范畴。”

他轻敲键盘，大屏幕上出现下一张幻灯片：

赋权

积极采取行动， 实现服务愿景

“下面我们来讨论一下，在工作中，什么时候你会觉得得到了赋权？大家集思广益。”教授说。

同学们纷纷发言。

“当我不需要寻求帮助就可以完成某项任务时。”

“当领导听取我的想法时。”

“当别人问我的意见时。”

“当我可以独立解决客户问题时。”

“当我比同事对产品有更多的了解时。”

“答得好。”教授说：“现在请大家回想一下，在工作中你是如何给自己赋权的？乔西，我看到你举手了。”

“我问老板，公司是否可以付学费让我学习一门新的电脑软件课程，以便更好地工作，他同意了。现在我可以更快速地为客户提供咨询服务了。”乔西说。

“康纳，你呢？”

“我在银行柜台服务。几周前，我决定记住来我柜台办业务的顾客以及他们的姓名，虽然这并不在我的业务范围内。现在我发现这些顾客会特意挑选我为他们服务。”康纳说。

“这个例子很棒！”教授说。“一线员工得到的赋权越多，外部客户就会越高兴，因为他们的需求会更容易得到满足。给员工赋权，最终的受益方将是客户。”

同学们继续分享他们的心得，凯尔西不禁想起过去几个月来，在不断改进部门客户服务质量的过程中，她是多么的充满激情。她曾尝试把自己的想法运用到工作中，通过这种形式给自己赋权，可是除了自己部门经理，没有一个高管愿意听取她的建议。凯尔西很失望，觉得自己一点儿也不能掌控自己的工作。

下课前，哈特利教授说：“赋权是 ICARE 模式的重要组成部分，因此我们下周要继续讨论。同时，本周的作业是：列出工作中你得到的赋权，以及你是如何得到这种赋权的，是你所在公司的文化，还是你自己努力争取来的？然后，思考一下有哪些事情超出了你的控制范围，但你希望在这些方面得到更多的赋权。每个问题写两三页的内容，尽量写得详细一些。”

学生们站起来准备走出教室。这时教授大声说道：“别忘上网查看这门课的在线部分内容，读读我上传的文章，为下一次的突击测验做好准备。”

凯尔西留了下来，和哈特利教授讲了史蒂文给她打电话的事。

“我觉得你应该继续写完这个计划书。”教授说：“即使你所在的公司不采用，最终你还是可以把这个计划提交给其他公司。要知道，凯尔西，弗格森店不是镇上唯一一家商店。如果他们不愿转变，或许你该考虑换一家公司，一家与你的价值观更相符的公司。”

凯尔西感谢教授对她的理解和支持，然后向门口走去。

“你要是愿意，我很乐意帮你和丹谈谈。”教授大声说。

凯尔西回头看向教授，笑着说：“多谢，教授。我会好好考虑您的建议，尽快给您答复。”

凯尔西现在满脑子想的都是如果去其他公司工作会怎样。或许换份工作是她目前最好的选择。

凯尔西很想听听她的良师益友爱丽丝的想法，于是她和爱丽丝约定在当晚最后一个理疗结束后见面。

爱丽丝的诊所温暖又舒适，就像她本人一样。凯尔西走了进来，爱丽丝从办公椅上站了起来，走到凯尔西旁边的座位坐下。

“凯尔西，你今早电话里显得很沮丧，能告诉我发生了什么事吗？”

凯尔西把她的苦恼和困惑一股脑地倒了出来：公司古怪而又紧张的气氛、高管拒绝了她有关提高客户服务质量的倡议、自己对公司的失望以及哈特利教授的建议。

“所以，”凯尔西长叹一口气，“我觉得我应该申请ShopSmart 的工作，你觉得呢？”

“你是怎么想的？”爱丽丝反问道。

“通过学习关心客户的重要性，以及如何建立以服务文化为核心的企业，我现在深信弗格森店把重点放错了。而且我有些害怕 ShopSmart 开业后对我们店的冲击，搞不好我会连工作都丢了。”

“这感觉可不怎么样。”

“一点儿都不好。我知道我已经尽了最大努力，但是高管们根本不想听从我的建议。我只是个打工的，我能怎么办啊？”凯尔西越说越失望。

“凯尔西，我觉得你应该去申请 ShopSmart 的工作机会。”爱丽丝坚定地说：“你态度积极，工作认真，还关心顾客。这种服务精神非常适合 ShopSmart。或许你在那里能得到更快的提升，因为你的价值观与他们的服务愿景相一致。而且你不会再有用头撞墙的感觉，在那里，你的工作会得到肯定。”

“如果我拿不到 ShopSmart 的工作呢？”

“大不了和现在一样嘛。先申请试试吧。你现在谈的是自己的事业，要相信自己。能有你这样的员工是他们的福气。”

这些话正是凯尔西想听到的。她感到自己又充满了能量，说：“你说得太对了，光脚的不怕穿鞋的，我明天就递交工作申请。”凯尔西终于下定决心，心里轻松不少。“爱丽丝，谢谢你的倾听。有你这样的良师益友真好！这就是赋权——与其随波逐流，不如掌控自己的人生。”

回家的路上，凯尔西一边思考着自己的决定，一边觉得很有愧疚感，好像她把史蒂文抛弃了一样。她想，我得提前和史蒂文打招呼，告诉他我要申请 ShopSmart 的工作，或许他也想去那边工作呢。

第二天早上，凯尔西起得很早，这样她便可以赶在上班前在网上递交 ShopSmart 的工作申请。有一栏是预约面试的时间，她选了周五上午，因为那天她不用上班。

她把鼠标移到屏幕上的提交键。

“提交!”她边敲鼠标边喊。好了，完成!

她穿衣服准备上班时，又感到一阵焦虑。但是凯尔西告诉自己，她并没有辞职，只是给自己多提供了一种选择。

当凯尔西到达店里时，又感到了那种紧张的气氛。她听说未来几天店里会有一些改变，但具体如何调整却无人知晓。

真不知道他们又要把谁给开除了，凯尔西想。她发现自己态度变得很消极，觉得这样很不对。正如穆雷先生所说，我都没给自己公司一个做出改变的机会，我竟变得如此精神萎靡，一点儿都不像自己了。

凯尔西很难集中精神，但她竭尽所能，努力工作。令她意外的是，在这一天的工作中，她竟注意到一些微小的、积极的改变。她想或许与那些传言有关。她看到一些经理来到大卖场帮助结账，并与顾客交谈。她还看到店里有一些新面孔走来走去，难道是弗格森店又开始雇用新员工了?

凯尔西很想问问史蒂文发生了什么。但整整一天都没看见他的人影。于是她决定给史蒂文发一条语音留言，并问问他是否可以在第二天上午谈一谈。她想告诉史蒂文自己周五要去 ShopSmart 面试的事。这恐怕是她唯一能做的事了，史帝文那么支持她，特别是最近几周。

在去诊所的路上，凯尔西和祖母谈起自己申请 ShopSmart 工作的事情，以及她的顾虑。

“今早申请工作的时候，我确定自己的决定是正确的。可是现在我不敢肯定是否应该就这样放弃弗格森。今天我注意到店里的经理们似乎开始关心员工和顾客了。”

“亲爱的，忠于自己的公司是正确的，但你也要对自己负责。”祖母说：“这关乎你的未来，关乎你的事业，如果你确定自己走进了死胡同，那么就应该做出改变。”

“没错。”凯尔西对自己的决定又恢复了信心。

祖母深思熟虑地说：“与此同时，你要好好想想是不是已经尽了最大努力去影响店里的同事和领导。要知道，人常常是这山望着那山高啊。”

凯尔西长叹口气，心想，哎哟，我又糊涂了。

她们走进诊所，亚历克斯正站在前台。“您好，威尔逊太太。”他语气轻松地说：“你在家有坚持做练习吗？这样就不用老来诊所啦！”

“那是一定的。”祖母说：“上次你告诉我很快就能摘掉这个破护腕时，我便下定决心，一定要一丝不苟地按照你的指导来练习。事实上，我觉得这手腕都快恢复正常了。”

亚历克斯带祖母到诊疗室治疗，凯尔西则坐在候诊室翻看杂志。旁边一位看起来三十岁上下的女人凑了过来，说：“我在等我父亲。他的后背有些毛病。”

“哦，这太糟糕了。”凯尔西说：“我带祖母来的，她要搭我的车。”

“你工作了吗?”她问：“不好意思，这问题好像很八卦，我现在失业了，但是我发现在候诊室聊天或许能发现一些招聘信息。”

凯尔西笑着说：“是的，我在弗格森店工作。”

那女人摇摇头，抱怨道：“我去年在零售店干过。可我从来猜不透顾客的想法，经理们还经常冲我喊，指使我干这干那。”她把手里的杂志翻了一页，接着说：“六个月后，我受够了。于是换了一家店，因为据说那家店工资更高。但是进去工作后才发现，店里的员工都讨厌彼此，而且个个都懒得要命。我成了最佳员工，可是经理分工不明确，到头来我还要做其他人的工作。我最后连个招呼都没打就辞职了。真希望没辞掉第一份工作，可他们很快就招到了新人。现在我还在找工作。”

听完她的一番话，凯尔西感到自己又焦虑起来。我和她的情况完全不一样，她想。自己所需做的事就是一大早找到史蒂文，并告诉他自己在找工作的事。凯尔西觉得自己和史蒂文的关系还可以，愿意试一下。

虽然史蒂文没回复那条语音留言，凯尔西还是决定在周四早上提前半小时到店里，希望能在开门前碰到史蒂文。结果，她到店里时发现他正在休息室冲咖啡。

“嗨，史蒂文，我希望能在大家上班前和您说几句。您现在有时间吗?”

“没问题，我收到你的留言了。正想和你聊聊。”他们在休息室面对面坐下。

“嗯……”她犹豫了片刻，不知该怎么说。说吧，凯尔西！她想。“我想去申请 ShopSmart 的工作。”她深吸口气，决定把想法一股脑地倒出来：“其实我已经申请了，并且安排了在明天去面试。我非常愿意和您一起共事，史蒂文。您是一名非常好的领导，而且我知道您做出了很大努力，想把这家店变得更好，但是我觉得公司已经不适合我继续在这里发展了。”咻，终于说完了。

史蒂文沉默了一会儿，然后平静而又严肃地说：“相信我，凯尔西。我完全明白你的想法。其实最近一段时间，我和你的想法一样。你去申请 ShopSmart 的工作，我一点儿也不怪你。我也考虑过这样做，但最终决定不去申请。希望你也如此。”他又停顿了片刻，凯尔西感到史蒂文在很小心地掂量自己所说的话。

“这个消息还没对外宣布呢，所以你不能告诉别人，估计再过几天才会公之于众。”史蒂文向门的方向看了一眼，小声说，凯尔西向他靠近了一点。

“因为这一年销售额持续下滑，而客户投诉又不断增加，总部最近做出了一些重大人事调整决定。CEO 将被换掉。虽然我不能向你透露更多细节，但我可以保证新的 CEO 将会把大量时间和精力投入到员工和客户身上。弗格森将会成为顶级的零售商店，凯尔西，到那时，我们将因为能在这里工作而感到自豪。”

凯尔西目瞪口呆。现在她明白了为什么最近店里的气氛总是怪怪的。

他继续说道："想知道为什么我昨天不在店里吗？"

凯尔西点点头看着史蒂文，全神贯注地听他讲话。

"被叫去见新任的CEO啦。不知道他们为什么叫我去。我甚至想，是不是他们要把我开除了？结果恰恰相反，CEO想见我是因为家庭和办公用品部是店里唯一一个没有陷入困局的部门。我们没有收到顾客投诉，反而还受到了他们的表扬。凯尔西，这些成绩离不开你的努力。正是因为你对服务的坚定信念和带头示范，团队中的每个人才会被调动起来，更努力地工作。"

"哦！哇！"凯尔西不知该说什么才好。

"谈话结束时，新任CEO任命我做这家分店的店长。并且，他们希望我们创建以客户为核心的服务文化，努力成为弗格森的旗舰店，并逐步将优质的服务文化推广到其他分店。"

凯尔西惊叹道："太棒了，史蒂文！"她不禁起身想给史蒂文一个大大的拥抱，庆祝他得到了晋升。

"等等，等等。"史蒂文笑着说，"还有呢。"凯尔西又坐下来继续听。

“嗯，事情是这样的。我向人事部门建议由你来代替我做这个部门的经理，并得到了批准。本来应该在等到新 CEO 上台并且我得到正式任命后，再告诉你这个消息，但是现在你告诉我明天要去 ShopSmart 面试，所以我想还是现在告诉你比较好。凯尔西，我诚恳地希望你继续留在这里。请好好考虑一下。”

凯尔西惊讶极了，说：“史蒂文，这简直难以置信，真不知该说什么好。这里的每个人都在谈论失业问题，不知 ShopSmart 开业以后我们该怎么办。我也一直害怕会丢掉工作。而现在你却告诉了我完全相反的情况！”

史蒂文神情放松地说：“过去几个月，这里发生了很多事，员工的士气变得很差，人们总是往最坏的情况想。我相信，在新领导的带领下，我们的团队将会更团结，我们一定会扭转局面，把弗格森变成一家大家都愿意在这里工作的公司。”

“弗格森真幸运，有您来当店长。您一定会做得很棒！祝贺您！”

“谢谢。你还没告诉我是否愿意当这个部门经理呢。”

“非常感谢您的信任。史蒂文，但是我不确定自己是否能够胜任。”凯尔西说。

“凯尔西，想想过去几个月，你是怎样主动向我提建议，积极改善这里的。你确实很好地诠释了‘关心’二字。正是因为你的服务顾客精神，我们部门才会取得这样的成功，我才会得到CEO的注意！如果不提拔你实在是不合情理。”

凯尔西笑了，说：“史蒂文，谢谢您对我的褒奖。”

“我们需要所有员工明白客户服务的重要性。因此，公司希望在每家分店设立极致服务文化团队。他们负责创建和维持公司的服务文化。新任CEO将第一个试点设在本店。因此，凯尔西，你不仅要管理家庭和办公用品部，还要领导第一个极致服务文化小组，将你教给我的要点告诉小组的其他成员。这项工作责任重大，不过别担心，我会支持你，帮助你。本店的极致服务文化团队建好后，我们可能会派你去其他分店，帮助他们建立团队，并培训所有的团队负责人。”

凯尔西简直不敢相信自己的耳朵。这和她当初设想的一模一样。现在，托新CEO的福，这些设想马上就要付诸实践了。

她无法抑制自己激动的心情，说：“史蒂文，我已经考虑好了。能加入这里的管理团队是我莫大的荣幸。我一定会和大家一起努力，把弗格森变成一家员工愿意来工作，客户愿意来光顾的商店。”

“太棒了！你这样说我真是太高兴了。欢迎你的加入！或许我应该称你为杨教授。”史蒂文笑着说，他站起来，开心地握了握凯尔西的手。然后，他又向门的方向瞟了一下，轻轻地说：“现在，考验你的时刻来了，在消息公布之前，绝对不能告诉别人。公司还需要几天做一些扫尾工作，才能正式公布新任 CEO 的人选。”

“告诉家里人行吗?”

史蒂文眨眨眼，说：“只能是最亲密的家人，而且一定要小心。在正式公布前，我们千万不能走漏风声。”

这时，门开了，员工们陆续来到商店准备上班。凯尔西和史蒂文笑了一下，然后转身走出房间。

当天午饭时间，凯尔西看到休息室里贴了一张通知，说是周一早上 7：30 公司召开会议，每位员工必须参加。周一！她能保守秘密那么久吗?

整整一天，凯尔西都在担心自己的脸是不是已经出卖了她。一想到这次命运的奇妙转折，她总是忍不住笑起来。当她终于决定去 ShopSmart 面试时，却成了弗格森店的部门经理！这周关于赋权案例的作业简直就是小菜一碟，她想。凯尔西已经迫不及待地想在周二的课上和大家分享自己的经历了。

凯尔西欢天喜地地冲进家门，跑到厨房，拿起电话，大叫她的祖母：“祖母，你根本猜不到今天发生了什么！快来，我要打个电话！”

祖母匆匆忙忙地走过来：“什么事啊？这么高兴。”

凯尔西按照便笺上的号码拨打电话。

“您好！我是凯尔西·杨。我预约了明天上午10点的面试。好的，我在等。”

凯尔西双眼闪光，她看着祖母，做出‘稍等’的口型。

“您好？对，凯尔西·杨，10点。我需要取消面试。不，不用再预约，取消就好。为什么？”她开心地大笑起来，“嗯，就说我改主意了。好的，谢谢您。再见。”她挂好电话，做了个大大的胜利的手势，冲祖母笑起来。

“凯尔西·杨，现在告诉我到底发生了什么事？”祖母问道。

“现在站在你面前的是弗格森店家庭和办公用品部新任经理！”

“哦，天哪！孩子，我太为你高兴了！”祖母伸出双臂，两人在厨房正中拥抱在了一起。

凯尔西感觉有些不同，她轻轻推开祖母，说："祖母，您怎么没戴护腕啊?"

"哈哈，这是我今天的新闻。虽然不像你的那么激动人心。"祖母笑着说："爱丽丝今天给我打了电话，说只要我继续做那套新的练习，就不用再戴护腕了。"

"太棒了!"凯尔西说。

祖母继续说道："昨天亚历克斯给我治疗后，他告诉爱丽丝说我的手腕已经恢复得差不多了，不需要继续用护腕了，而且他认为再去一两次诊所我的手腕就可以完全康复了。爱丽丝能听取亚历克斯的建议，而没有亲自再检查一遍，她可真是个好领导，能如此信任自己的员工。"

"祖母，这真是个赋权的好例子。赋权是 ICARE 模式的最后一项，我们这周刚刚学过。"凯尔西说。

"哦，你和你的 ICARE 模式。"祖母边笑边挥挥手。

"您别笑，正是因为遵循了 ICARE 模式这五项原则，我才会被提拔为部门经理的!"凯尔西围着厨房跳起舞来。

"晚饭必须来点儿冰淇淋庆祝一下!"祖母开心地说："你去拿碗和勺子，我去拿巧克力冰淇淋，我们得好好聊聊。"

周一早上，弗格森店的气氛空前高涨。员工们听说将会宣布好消息，而不是坏消息，于是大家都聚拢在前排位置，迫不及待地想知道到底是怎么回事。7：30 刚到，一位凯尔西从未见过的女士走上前台，说："各位早上好！非常感谢大家这么早赶过来。顺便说一下，我们会把这段开会时间算作加班，会给大家付加班费的。"

大家一阵欢呼，接着又小声嘀咕起来。

"在场的大部人都不认识我，我叫格雷琴·霍顿，是弗格森董事会主席。相信你们很多人对公司的调整已有所耳闻。过去一年，我们总结出仅仅关注财务报表上的数字并不能使公司取得成功。通过员工调查，我们发现我们的内部客户，也就是你们，普遍感觉自己为公司做出的贡献没有得到认可。"

突然间，整个店里鸦雀无声。

"并且，客户调查显示，我们的外部客户也觉得不被重视。我们绝对不能接受这两项结果。因此，我们意识到，要想生存下去，公司必须做出重大调整。弗格森迫切需要在公司推广客户服务文化，而这种改变需要从公司高层开始。

"公司已召开多次行政会议讨论这项提议。有些领导对此愿景持否定态度，并且不愿将之推广执行。他们认为目前一切正常，无须做出任何改变。这些人将不会再为弗格森工作。”

人群中有人吃惊地叹起气来。

“我们相信，留下的管理人员，将和新近聘用的高层领导团队一起，带领弗格森提高服务质量，并实现更高的盈利水平。我们对未来充满期待，并且请大家相信，我们会更关注你们——弗格森的自己人。没有你们，弗格森将无法获得成功。”

大家鼓起掌来，她停顿了一下。

“现在，请允许我介绍新任 CEO。他在该行业拥有丰富经验，加入弗格森之前在 ShopSmart 担任运营部副总裁，请和我一起欢迎丹·穆雷先生。”

大家开始鼓掌，看着新任 CEO 走向前台。当凯尔西看到主席将话筒递给丹·穆雷先生那一刻，她简直不敢相信自己的眼睛。

“谢谢你，格雷琴。首先，非常高兴成为弗格森的一员，能够效力于这样一家好公司，我深感荣幸。非常期待在今后的几天与你们每一位见面。我们将把这家分店作为弗格森推广服务文化的旗舰店，特别是考虑到 ShopSmart 的一家新分店马上就要在附近开业了，我可知道他们有多么擅长客户服务。”他说话时目光炯炯有神。

“现在，我将向大家介绍一位弗格森的老员工。他具有卓越的领导力，并愿意帮助培养弗格森下一代经理层。请和我一起欢迎你们的新店长，史蒂文·沃克先生。”

伴随着大家的掌声和欢呼声，史蒂文走向前台，与丹握手。凯尔西觉得他有点儿紧张，不过在他接过话筒的那一刻，他微笑着说：“感谢董事会和穆雷先生给我这次机会。希望大家能够多提宝贵意见，通过我们的共同努力，将本店变成员工的最佳雇主，变成顾客的最佳商店，变成一家盈利的、运营良好的店铺。记住，你们各位就是本店的主人。”他将拳头挥向空中，大声喊道：“让我们一起向 ShopSmart 宣战！”

会议结束后，大家纷纷散去。史蒂文走到家庭和办公用品部，想开个部门短会。

“首先，感谢大家的努力工作，特别是在过去几个月公司如此动荡的日子里，没有你们，我们部门不会取得如此出色的成绩，我也不会得到提拔。未来几周，我将逐步从部门经理向店长这一职务过渡。大家有什么问题和需要可以随时找我。”

他转向凯尔西，说：“现在，我很高兴地宣布，凯尔西将接替我的位置，成为家庭和办公用品部的部门经理。”

大家纷纷向凯尔西致以微笑和拥抱，还说了一些祝福的话。

午饭前，正当凯尔西准备去吃饭时，史蒂文和丹·穆雷一起走过来。

“凯尔西，史蒂文告诉我说你已决定接任部门经理的职务。祝贺你!”丹边说边与凯尔西握了握手。

“谢谢您，穆雷先生。您走上前台接过话筒时我真是吓了一跳！您在课上讲过的话我一直铭记于心。您能加入弗格森，我们真是太幸运了。”

“请记住，叫我丹就行了。”他说：“我那次在课上讲话时，正在和弗格森谈合约，当然，我那时什么都不能和你讲，因为事情还没确定下来。ShopSmart 是一家非常好的企业，我对我们所取得的成绩深感自豪。不过，我已经准备好迎接下一个挑战了。现在，从这家分店开始，我们要抓住机会共同努力，把弗格森变成行业的服务领导者。凯尔西，你能在这里真是太好了。我知道，你有能力帮助我们推行一系列改变，以实现公司愿景。”

“我迫不及待地想将哈特利教授所教的都用上。”凯尔西说：“能成为管理团队的一员真是太让人激动了。”

接着丹与部门的其他同事一一打过招呼，之后又走到其他部门问候员工们。

走之前，史蒂文说："凯尔西，下周我们找个时间谈谈工作交接的事情，以及如何着手在这里创建真正的服务文化。"

凯尔西开心地目送史蒂文走远。慌乱而又迷茫的日子终于结束了。

这一天过得飞快。凯尔西脑海里涌出无数个点子，思考着如何改进她的部门以及创建极致服务文化小组。她现在不用再对自己升职的事守口如瓶了，于是当晚忍不住发短信把这个好消息告诉好朋友们。凯尔西迫不及待地想把这件事与哈特利教授和同学们分享。

"早上好，同学们。我们今天有一整天的时间学习，现在开始吧。"哈特利教授说。

"上周我请大家在课下思考在工作中得到赋权的例子，谁愿意分享一下？"

凯尔西立刻举起手来。

"这门课让我受益匪浅，并且，我结合实际工作，为弗格森提出了一些有关提高客户服务质量的建议。部门经理史蒂文非常同意这些观点，也很支持我。但除他之外，其他管理层人员似乎对此无动于衷。所以我很失望，觉得弗格森的经营理念与我的信念完全不同。在听完丹·穆雷先生在课上的讲话后，我意识到 ShopSmart 的服务文化正是我所追求的。于是，我开始思考是否该跳槽到 ShopSmart 工作。

“但是上周四，也就是我准备去 ShopSmart 面试的前一天，事情突然发生了转机。我听说弗格森将聘任新的 CEO，之后发现此人竟是丹·穆雷先生。史蒂文被提拔为店长，而将由我来接替他担任家庭和办公用品部经理。不仅如此，他还希望我帮他一起在全公司范围内建立极致服务文化小组。史蒂文还说，之所以选择我，正是因为他看到我在改善本店服务文化方面所付出的努力，以及我对内部和外部客户的关心。”

“这真是个非常好的转变。祝贺你！”教授说。

“哈特利教授，非常感谢您的帮助，以及愿意与我们分享关系的重要性和关心客户的各种方法。没有这些，我不可能取得今天的成绩。”凯尔西说。

“这是一个非常好的关于赋权的例子，掌控影响你的事情。丹是个很好的领导，而且你会从他那里学到很多。”教授说。

“现在，请大家两人一组，花 10 分钟时间，分享一下最近一周你感到在工作中得到赋权的案例。”

大家开始互相讨论。几分钟后，教授举起手来，说："现在谁愿意和大家分享一下刚刚听到的例子？"

一个年轻的女生举起了手。

"玛利亚娜，我看到你刚才在和内森讨论。他刚刚讲了什么赋权故事？"

"内森很喜欢乡村俱乐部的工作。"玛利亚娜说："可他已经两年没涨工资了。上周上完课后，他提出要和经理谈一谈。见面时，内森交给了经理一份清单，写明了他的资质和在这个岗位上取得的成绩，以及他取得的进步。他还给经理看了两位会员的表扬信，内容是关于感谢他的卓越服务的。内森说，整个谈话过程他都保持礼貌和职业，并在最后提出了涨工资的请求。经理说很欣赏他的主动性，并决定将他每小时的工资提高两块钱。"

"谢谢你，玛利亚娜，这是个非常好的赋权例子。内森，祝贺你涨工资！"教授环顾教室，问："还有谁愿意分享一下？"

几名同学同时举起手来。

"汉克，你刚才在和梅森聊。他有什么例子？"

"梅森在一家大型电话客服中心上班，他每天的工作就是接电话，听客户的抱怨并解决问题，因此有时候他觉得压力很大。所以一年前，他和其他几位同事向人事部门提出建议，希望可以在休息和午餐地点安排一些可以解压的设施。人事部门当时已经制定了一项康乐计划，他们对这个提议很感兴趣。经过一段时间的努力，就在上周，新的员工休息室开始投入使用，里面有餐桌、自动售货机、很多棋牌游戏、乒乓球台子，还有……”他转向梅森。“梅森，还有什么？”

“桌上曲棍球。我们甚至有桌上曲棍球！”梅森开心地说。

“有的公司非常关心自己的员工。”哈特利教授说。

又听过几个例子后，教授问：“好了，大家发现这些例子的共同点了吗？”

“人们主动去影响他们自己的未来，而不是守株待兔。”一位学生说道。

另一个人说：“好像一切尽在掌握。他们知道自己的需求并找到将愿望变为现实的途径。”

“完全正确。”哈特利教授说：“还记得赋权策略中有关掌握自己命运的那一段吗？你需要掌握那些自己觉得重要的事情，并主动去实现它们。额外的好处是，就像我以前提过的，如果员工得到良好的待遇，他们会把这种尊重和友善传递给客户。其结果是，客户将更忠诚于该企业，甚至把这些告诉给他们的朋友。当他们这样做时，客户实际上已经变成了公司的销售力量。当员工感到自己为公司所做的贡献能够得到认可，并认为自己在问题决策中有一定影响力时，他们将对这份工作及其所在企业更加充满激情。而这些都将对客户产生直接影响。”

“现在，”教授说：“如果对与你息息相关的事情不加以掌握将会怎样？”

“你总是在做别人希望你做的事情，但有时却不是自己的意愿，或不是对同事或客户最有益的事。”一位同学说。

“那么这是谁的错呢？”教授假设道：“很多情况下，员工以为他们的领导应该能看懂他们的心思，了解他们的需求，结果他们成了工作的牺牲品。与领导沟通，告诉他们你的需求，这是赋权的一部分。如果领导与员工想法一致那真是太棒了，可是你不能指望他们了解你所有的需求和喜好，除非你愿意将自己的想法告诉他们。如果领导不知道员工的需求，最终将影响企业的发展。出于同样的道理，员工需要得到领导的反馈，了解自己在工作中的表现如何。大家不需要等待一年一次的绩效评估，相反，你们可以和领导进行定期或不定期的一对一谈话，与领导及时沟通，了解自己哪些方面做得不错，哪些方面还需要改进。”

教授继续说："因为一线员工直接接触顾客，因此，对于一家企业来说，每天通过一线员工了解顾客想法，从而提高服务是件非常重要的事情。最好的企业会想办法把员工的反馈意见，无论好坏，都传递到高层领导那里，而管理层则可以据此做出决策。这一简单流程对一家企业的成功至关重要。"

"现在，我有一个好消息和一个坏消息。"教授说："好消息是，当领导和员工学习了ICARE模式后，他们便掌握了将该模式付诸行动的知识和技巧。坏消息是，大多数公司止步于此，它们没有制定和执行可持续性的发展计划，促进员工坚持使用这些新技巧。因此，企业需要指派某个人，最好是一个团队，负责不断帮助员工坚持使用该模式。"

凯尔西想到了即将由她带领的弗格森极致服务文化小组，感到无比激动。

教授说："任何一种培训，特别是当企业试图通过该培训改变其文化时，都要使每位接受培训者牢记所学内容。否则，如果新行为得不到鼓励，那么员工很容易重拾旧行为。

"所有这些归根结底就是我们第一节课所讲到的内容，一切源于关系。如果每个人都努力创造和维护一种以培养关系为核心的企业文化，这里既包括内部客户关系也包括外部客户关系，那么企业一定会受益。”

真想不到，当我对自己的工作感觉良好时，态度竟会发生这么大的改变！周一早上，凯尔西在上班路上想。

虽然下个月才会正式成为部门经理，凯尔西还是觉得她必须要比其他参加早例会的同事提早来到会议室，这样一方面可以为大家做个好表率，另一方面可以欢迎每位来开会的同事。当同事走进会议室时，她想：最重要的事就是关系和建立一支强有力的团队。

会议结束后，史蒂文和凯尔西在史蒂文办公室进行了谈话。虽然史蒂文现在已经是店长，但他仍会继续担任部门经理，直到凯尔西完成所有的培训。他们花了一个小时讨论凯尔西的岗位过渡问题。

“凯尔西，我要帮你成功过渡到经理这一职位。”史蒂文说：“个人工作与管理员工有很多不同，直到现在，我在领导力上仍有很多方面要继续学习。很期待能和你共同努力让这家店不断进步。”他交给凯尔西一个规划表，上面列出未来几个月的培训项目，包括可以帮助她提高领导力的网上培训。

“现在，”史蒂文一边靠到椅子背上，一边说：“我想听你谈谈关于极致服务文化小组的想法。我知道你可能每天都在思考这个问题。”

凯尔西笑了。“的确如此。”她边说边拿出笔记。“我想听听您的建议。每家店的服务文化小组将由各部门派出的一位代表组成，这个代表将每周参加小组例会，并把例会信息传递给部门经理，而经理会在部门例会上就这些极致服务和 ICARE 模式培训与组员进行讨论。

而每位服务文化小组成员的另一项工作就是在小组例会上，与大家分享他所在部门的极致服务进展情况，并汇报该部门如何将新的服务愿景付诸行动。他们还要将顾客对我们新服务文化的反馈传递给管理层。希望这些反馈可以证实我们的新服务文化对顾客产生了积极影响。”

“听起来很不错，还有什么想法?”史蒂文高兴地说。

“既然我们店是个试点，我想今天或明天给各部门经理发邮件，请他们指派一名同事参加服务文化小组，培训将为期三个月。在结束时，每位参与者将得到一张弗格森的礼品卡，作为对他们的感谢。”

“你把基本点都谈到了，我们可以再把计划制定得更详细一些。我就知道选你做这个小组的负责人再合适不过了。”史蒂文说：“未来几个月，你会非常忙碌，既要担任部门经理，又要负责组建极致服务文化小组。”

凯尔西下班了，感到身体很累，心情却很轻松。她所在公司终于变成一家真正以人为本的企业了。

第十章

六个月后

一年前，她曾是个整日垂头丧气的员工，觉得进入管理层只是个梦想。而现在，她已拿到商学学位，并在这家伟大的公司里施展拳脚。

在弗格森的新领导层上任六个月后，每一家分店都在店门口最显眼的位置悬挂起公司的服务愿景和价值观标语：

弗格森服务愿景

每一天用货真价实的商品和全心全意的服务真诚地对待每位顾客

弗格森价值观

道德行为

做正确的事

关系

与客户、同事和社区彼此信任和尊重

成功

实现企业盈利

学习

不断进步——无论个人还是公司

凯尔西对能有史蒂文和丹这样的导师来培养她的领导力感到非常荣幸。特别是他们三人有着相同的信念，那就是，如果企业领导关心自己的员工，员工们就会关心客户，客户们便会成为回头客，最终促进企业走向成功。

当得知丹，那个曾领导 ShopSmart 在客户服务方面取得卓越成就的人，现在成为弗格森的 CEO 时，顾客们纷纷光顾弗格森，想看看这家店发生了哪些变化。弗格森的销售数字开始迅速增长。丹办公室里的表扬信已经堆积如山，客户们都在赞扬新的改变以及店里对服务的重视。在附近 ShopSmart 刚开业的第一个季度，凯尔西所在的弗格森店的销售业绩与 ShopSmart 持平，而在第二季度，弗格森的市场份额竟然超过了 ShopSmart。

极致服务文化小组已在所有分店正式建立。在组员的帮助下，凯尔西和史蒂文通过多种有趣而又实用的培训项目向员工传授 ICARE 模式。因为大家都非常喜欢参加小组会议，到底选谁作为每季度的部门代表成了部门经理最令人头疼的事情。

这一天，凯尔西部门的例会恰好在她上任六个月的纪念日召开。在例会快结束时，丹和史蒂文走进会议室，大家都吃了一惊。

凯尔西冲他们俩笑了笑，说：“你们好！这真是个大大的惊喜啊！”

史蒂文开着门，凯特祖母出现在他身后，神采奕奕。

“哦，天哪！”凯尔西吃惊地叫了出来：“祖母，您怎么会在这里？”

“你马上就知道了。”祖母狡黠地笑了一下。

“我能说几句吗？”史蒂文问。

“当然。”

史蒂文面向大家。丹和祖母站在两侧。“为庆祝凯尔西成功担任家庭和办公用品部经理六个月，同时带领极致服务文化小组取得如此卓越的成绩，请允许我代表全公司，向凯尔西致以最诚挚的感谢。”史蒂文转向凯尔西，说：“凯尔西，是你帮助公司做出了如此大的改变。”随后，他交给凯尔西一个信封和一张奖状，并向大家大声宣读：

凯尔西·杨

弗格森极致服务文化卓越奖

大家纷纷起立鼓掌。他们亲眼见证了凯尔西在工作中的努力和成长，以及她对每个人的关心和照顾，大家都真诚地祝贺她今天所取得的成绩。

颁奖结束后，史蒂文、丹和凯特祖母站到一旁等待凯尔西结束部门例会。当员工们都离开办公室后，凯尔西说：“丹，史蒂文，非常感谢你们为我做的一切，我激动的心情真是无以言表。”

“我们还有很多方面要继续努力。”史蒂文说：“不过大家希望借此机会感谢你为公司做出的巨大贡献。”

“凯尔西，让我们共同努力，一起创造更美好的明天！”丹笑着说。

“孩子，我太为你骄傲了！”祖母说。

凯尔西看着这三位始终关心自己的人，不禁想到了最近一年以来自己所走过的历程。一年前，她曾是个整日垂头丧气的员工，觉得进入管理层只是个梦想。而现在，她已拿到商学学位，并在这家伟大的公司里施展拳脚。

想到自己取得的进步和成绩，她不禁笑起来。凯尔西对自己的事业充满信心。

自我评估

作为一名面对客户的服务提供者，如果在阅读此书的同时进行以下自我评估，你或许会更加受益。当你将书本所学运用到日常工作中，并对 ICARE 模式的五大元素逐渐掌握后，我们建议您再次进行以下阶段性评估，以评测自我进展。你可能会很惊喜地发现，当能够习惯性地将关注点放到服务方面以后，你将会在这五大元素上取得突飞猛进的进步。不要将自己与其他人比较，或是急于取得满分的成绩，而是应该看到自己取得的最好成绩。

请根据以下标准评分。

1＝从不；2＝偶尔；3＝时常；4＝经常；5＝一贯如此

理想服务	您的得分
1. 在工作中，我将客户放在心上	________
2. 我与客户建立了持久的关系	________
3. 在工作中，我表现出服务至上的理念	________
4. 我每天都在提供理想服务	________

服务文化

5. 我与客户的日常沟通体现了我的服务意愿 __________

6. 我用企业的愿景和价值观指导我的决策 __________

7. 我通过创造美好的体验留住顾客 __________

8. 我的行为与我的价值观相符 __________

专注

9. 我了解我的客户和他们的个人喜好 __________

10. 我给客户的第一印象是积极正面的 __________

11. 我给客户的最后印象是积极正面的 __________

12. 我把内部客户当成外部客户对待 __________

回应能力

13. 我问客户问题以确定已经理解他们所表述的内容

____

14. 我注意客户的肢体语言以更好地了解他们的想法

____

15. 在为客户解决复杂情况时，我能够保持积极态度

____

16. 我表现出愿意为客户服务的态度 __________

赋权

17. 在改善流程方面，我向领导谏言 __________

18. 我不断想方设法为客户提供更为贴心的服务

____

19. 我不断积累与工作相关的知识 __________

20. 我不断寻找能够提高工作表现的途径 __________

总分__________

致　谢

当考虑在这本书中要感谢谁时，我立刻想到了 Sheldon Bowles，他和我合著了《顾客也疯狂》（*Raving Fans*）这本书。还要感谢 Barbara Glanz，她是《有关服务的简单真相》（*The Simple Truths of Service*）的合著者。我从他们二人身上学到了许多有关客户服务的知识。

现在，我有幸与 Kathy Cuff 和 Vicki Halsey 合作。Kathy 已在我们公司工作了 26 年，是我们的重要成员。她的热情、对生活的激情，以及其启发式教学方法无人能比，除了 Vicki Halsey，她发明了“高能量”这个词。Vicki 不仅是名优秀的教师，还是我所知道的在开发学习课件方面最具创造力的人。与 Kathy 和 Vicki 共同编写这本书的经历让我终生难忘。

我还要感谢我的团队。Renee Broadwell 领导有方，Martha Lawrence 总是给大家打气，Margery Allen 是我的左膀右臂。当大家忙得四脚朝天时，我们的合伙人 Anna Espino 总会为我们提供帮助。

说起合伙人，还要感谢我婚姻上的合伙人，我的妻子 Margie，她对我的生活和工作产生了巨大影响。我的孩子 Scott 和 Debbie 都非常出色。我还经常在我孙子、孙女身上练习极致服务，他们是：Hannah、Atticus、Kurtis、Kyle 和 Alec。我真是个非常幸运的人。

——肯·布兰佳

这本书已酝酿多年。非常感谢我的同事和朋友，Ken Blanchard 和 Vicki Halsey，他们和我一样在客户服务方面充满激情，并同意与我一同撰写此书，希望大家可以不断增进与客户的关系，从而使企业得到长远发展。我还要感谢我的丈夫 Ed 和我的儿子 Kevin 和 Brian，他们一直鼓励我去追寻梦想，克服困难，写完这本书。最后，我要感谢我的母亲，Gay Riley，她今年已经 94 岁高龄，却还时刻关心着周围的人。她用行动告诉我，世界会因每个人而不同。

——凯西·卡夫

在过去几年间，我们明显感觉到撰写这本书的必要性，它看似简单，却功能强大。企业必须创造一种氛围，让员工能够感到自己的重要性，这样，他们才会更加关注客户。当客户和企业内部员工共同努力进行创新实践时，将会产生一种协同效应，从而促进彼此相互关心，推动建立持久关系。我有幸能够从这种关系中受益，这更坚定了我的信念，并激励我完成了此书的撰写。我要感谢 Ken Blanchard 的以诚相待，感谢 Kathy Cuff 和她带来的能量、激情和智慧，感谢 Sarah Meeker 和 Nick Halsey 的初期编辑工作和他们在帮助我转换思路上的付出，感谢 Renee Broadwell 充满智慧的编辑工作，感谢 Jack Halsey 和 Rick Halsey 对我的关爱。还有 Elaine White、Pat Zigarmi、Margie Blanchard、Debbie Blanchard，他们不断帮助我成长和学习，并鼓励我相信自己。另外，我要对我的客户、朋友和家人致以最诚挚的感谢，是他们一直激励我，让我努力推动创造一个人们相互关心、相互服务、共同发展的世界。

——维基·哈尔西

关于作者

肯·布兰佳

很少有人能像肯·布兰佳这样对日常的人员和公司管理产生如此大的影响。在当今商业领域，作为一名杰出的、合群的并且广受欢迎的作者、演说家和企业顾问，肯被普遍誉为最富洞察力、权威和同情心的学者之一。

他所著的畅销书《一分钟经理人》（与斯宾塞·约翰逊合著）销量已超过 1 500 万册，并在过去三十年中持续畅销。除此之外，他还撰写过另外 60 本书，包括《更高层面的领导》《顾客也疯狂》《共好》《领导力和一分钟经理》，并与其他杰出的实践者合著过多本书籍。作为一名作家，他的影响力非凡而又深远。2005 年，他荣登亚马逊网站荣誉榜，成为有史以来 25 本最畅销图书的作者之一。

肯·布兰佳是布兰佳培训与发展公司的董事长，该公司由他和太太玛吉·布兰佳博士于 1979 年在圣迭戈创办，主要业务是国际管理培训和咨询。同时，肯是“像耶稣那样领导”组织的联合创始人，该组织是一家非营利机构，专注于在社会的各个领域培养服务型领导人。他还是母校康奈尔大学受托人委员会的名誉成员。此外，大峡谷大学商学院更以他的名字命名。

肯和玛吉已结婚 51 年，现居住于圣迭戈市。他们的儿子斯科特和女儿黛比，以及斯科特的太太玛德琳也在布兰佳公司担任要职。

凯西·卡夫

凯西·卡夫是布兰佳公司高级咨询合伙人。自 1987 年 9 月加入公司以来，她先后担任过多个职务，其中，最早担任的是活动经理。她后来意识到在这一期间肯一直在辅导她，为她后来在领导力培训和发展部门的工作打下了坚实的基础。凯西现在的工作是为客户提供培训和咨询服务，主要领域包括领导力、自我领导力、团队、改变、工作激情和客户服务等。凯西擅长与企业各级别员工合作，无论是公司初级员工还是企业高管。在培训项目中，通过与各类客户合作，她可以根据客户特点灵活调整课程安排，从而提升客户的学习体验。凯西的培训项目横跨多个产业，包括：零售业、制药业、医疗业、金融业、科技产业、医疗保健和政府。

凯西与维基·哈尔西都是布兰佳“极致服务”客户服务培训项目的合作者，同时凯西还是肯·布兰佳畅销书《更高层面的领导》的合著者之一。凯西经常在肯·布兰佳公司的博客“领导的对话”上发表文章，主要话题包括客户服务的最佳实践和服务型领导力。该博客每月有超过2万名读者阅读浏览。凯西在圣迭戈州立大学获得语言交际专业的学士学位，并在工作期间完成过多项职业发展课程。

电子邮件：kathy. cuff@kenblanchard. com

网址：kenblanchard. com/Why-Blanchard/Meet-Our-Experts/Kathy-Cuff

维基·哈尔西

维基·哈尔西博士是肯·布兰佳公司的应用学习部副总

裁。她与凯西·卡夫同为布兰佳“极致服务”客户服务培训项目的合作者，还是布兰佳获奖作品《情景领导力 2》的合著者。维基致力于鼓励人们充分调动激情和技能促进企业取得成功。她已帮助上百家世界五百强企业设计并提供了领导力和服务培训，包括：微软、富国银行、耐克、迪士尼、壳牌石油、丰田和宝洁公司等。凭借其经验和灵活度，维基能够快速、深入而又准确地识别并定位客户的需求和愿景。在听过维基的演说后，人们通常都会对自己的能力得到全新的认识，并意识到他们有能力运用自己的魅力解决个人和组织的关键性问题。无论听众是 50 人还是 5 000 人，维基都能通过自己的能量、智慧和热情激励人们发挥自己的价值。维基是畅销书《设计光辉》的作者，也是畅销书《仓鼠革命》和《仓鼠会议革命》的合著者，她还参与编写了肯·布兰佳的《更高层面的领导》一书。维基和丈夫里克有两个儿子，一家人现居住在加利福尼亚州埃斯孔迪多市。

电子邮件：vicki. halsey@kenblanchard. com

个人网站：vickihalsey. com

网 址：kenblanchard. com/Why-Blanchard/Meet-Our-Experts/Vicki-Halsey

Ken Blanchard, Kathy Cuff & Vicki Halsey
Legendary Service: The Key Is to Care, 1e
0-07-181904-5

北京市版权局著作权合同登记号：01-2014-3662

图书在版编目（CIP）数据

极致服务：创造不可思议的客户体验/（美）肯·布兰佳（Ken Blanchard），（美）凯西·卡夫（Kathy Cuff），（美）维基·哈尔西（Vicki Halsey）著；王霆译. -- 北京：中国人民大学出版社，2021.3
ISBN 978-7-300-28897-0

Ⅰ.①极… Ⅱ.①肯…②凯…③维…④王… Ⅲ.①企业管理-商业服务 Ⅳ.①F274

中国版本图书馆 CIP 数据核字(2021)第 024493 号

极致服务
创造不可思议的客户体验
肯·布兰佳（Ken Blanchard）
[美] 凯西·卡夫（Kathy Cuff） 著
维基·哈尔西（Vicki Halsey）
王霆 译
Jizhi Fuwu

出版发行	中国人民大学出版社		
社　　址	北京中关村大街 31 号	**邮政编码**	100080
电　　话	010－62511242（总编室）		010－62511770（质管部）
	010－82501766（邮购部）		010－62514148（门市部）
	010－62511173（发行公司）		010－62515275（盗版举报）
网　　址	http://www.crup.com.cn		
经　　销	新华书店		
印　　刷	北京联兴盛业印刷股份有限公司		
开　　本	890 mm×1240 mm 1/32	**版　　次**	2021 年 3 月第 1 版
印　　张	5.75 插页 2	**印　　次**	2025 年 7 月第 6 次印刷
字　　数	80 000	**定　　价**	59.00 元

认知

赫伯特·西蒙　著

二十世纪最伟大的科学天才之一

迄今唯一同时获图灵奖和诺贝尔经济学奖的大师

人工智能之父讲认知心理学

提升认知水平，才能看得更高更远

本书是著名心理学家和人工智能开创者赫伯特·西蒙关于人类认知的作品。本书介绍了人的认知结构，包括注意力、记忆等方面，然后分析了人们思维过程中问题解决的途径和策略。书中进一步分析了对于复杂问题，专家和普通人不同的心理表征，以及应该如何应对复杂问题。最后，作者介绍了学习的基本原理和过程，并说明如何探索发现新规律。无论是关注人工智能还是关注心理学的读者，本书都是不可多得的经典读物。

说服的艺术

【美】苏珊·威辛克　著

闫佳　译

著名行为心理学家 30 年研究成果

适用团队、亲子、家庭、社群等各种场景

让人肯听，听了还肯做

塑造美好人际关系和强大个人影响

我们的生活离不开说服。无论是想让顾客购买，想让供应商给个好价钱，想让员工更主动，还是想让孩子乖乖学习……每天我们都在自觉不自觉说服别人。

本书把行为心理学和说服技巧紧密联系，分析了人们内心七种强大的心理驱动力：掌控欲、归属感、习惯、本能等，并用大量贴近生活的例子展示怎样说服别人并使之行动，帮助人们建立美好人际关系和强大个人影响力。